HORST EHRINGHAUS

GÖTTER, HERRSCHER, INSCHRIFTEN

DIE FELSRELIEFS DER HETHITISCHEN GROSSREICHSZEIT IN DER TÜRKEI

unter beratender Mitarbeit von Frank Starke

SONDERBÄNDE DER ANTIKEN WELT

Zaberns Bildbände zur Archäologie

VERLAG PHILIPP VON ZABERN · MAINZ AM RHEIN

HORST EHRINGHAUS

Götter, Herrscher, Inschriften

DIE FELSRELIEFS DER HETHITISCHEN GROSSREICHSZEIT IN DER TÜRKEI

unter beratender Mitarbeit von Frank Starke

VERLAG PHILIPP VON ZABERN · MAINZ AM RHEIN

IV, 124 Seiten mit 194 Farb-, 1 Schwarzweiß- und 12 Strichabbildungen

Umschlag vorne: Zwei überlebensgroß dargestellte Götter auf einem Relief in Gavur Kalesi (vgl. S. 12, Abb. 13).

Vorsatz vorne: Moderne Landkarte der Türkei. (P. Palm, Berlin)

Vorsatz hinten: Karte zu den in diesem Band vorkommenden Denkmälern und geographischen Namen der Großreichszeit (14.–13. Jh. v. Chr.). (P. Palm, Berlin nach F. Starke / H. Ehringhaus)

Umschlag hinten: Das Löwentor in der westlichen Stadtmauer von Ḫattusa (vgl. S. 31, Abb. 48).

Bibliographische Information der Deutschen Bibliothek

Die Deutsche Bibliothek verzeichnet diese Publikation
in der Deutschen Nationalbibliographie; detaillierte bibliographische Daten
sind im Internet über <*http://dnb.ddb.de*> abrufbar.

ISBN 3-8053-3469-9
Gestaltung: Ilka Schmidt, Verlag Philipp von Zabern, Mainz
Redaktion: Gerhild Klose, Annette Nünnerich-Asmus, Verlag Philipp von Zabern, Mainz

Printed on fade resistant and archival quality paper (PH 7 neutral) · tcf

INHALTSVERZEICHNIS

VORWORT 2

ZUM GELEIT 3

EINLEITUNG 5

DIE DENKMÄLER IM HETHITISCHEN KERNLAND 6

Alaca Höyük – Kultszenen 6

Gavur Kalesi – Zwei Götter grüßen eine thronende Göttin 11

Yazılıkaya – Naturheiligtum mit der Darstellung des hethitischen Reichspantheons 14

- Die Reliefs der Kammer A 17
- Die Reliefs der Kammer B 27
- Zur Funktion des Felsheiligtums 30

Ḫattusa – Reliefs und Inschriften in der Hauptstadt 31

- Die große Inschrift am Nişantaş 32
- Die Reliefs im Bereich der Südburg 32

Yumruktepe/Beyköy –Großreichszeitliche (?) Flügelsonne 35

Yalburt – Feldzugsbericht Tudḫalijas III. am Wasserbecken 37

Köylütoluyayla und Afyon – Zeugnisse aus der Übergangsregion nach Westkleinasien 46

- Fragment einer Verfügung des Großkönigs aus Köylütoluyayla 47
- Stele eines Prinzen im Archäologischen Museum in Afyon 48

Karakuyu – Tudḫalijas III. Inschrift am Staubecken 49

Eflatunpınar – Götterbilder am Wasserreservoir 50

Fasıllar – Eine fast vollplastische, monumentale Stele 57

Fıraktın – Königspaar bringt Göttern Trankopfer 59

Taşçı A und B – Drei Würdenträger Ḫattusilis II. am Bergfluß 65

- Taşçı A 65
- Taşçı B 68
- Die Höhlen oberhalb der Reliefs 68

İmamkulu – Eine Göttin entschleiert sich vor dem Wettergott 70

Hanyeri – Wettergott und Prinz jenseits des Gezbelpasses 76

Altınyayla/Sivas – Der Schutzgott auf einer neu entdeckten Stele 80

Malkaya – Schatzsucher am Inschriftfelsen 83

WESTLICHE REGION AN DER ÄGÄISKÜSTE 84

Akpınar – Monumentale Gottheit thront in der Felswand 84

Karabel – Grenzmarke des Landes Mirā, jetzt entschlüsselt 87

Suratkaya – Inschriften im wilden Latmosgebirge 91

SÜDLICHE REGION AM MITTELMEER 95

Sirkeli 1 – Großkönig Muwattalli II. am Ceyhan-Fluß 95

Sirkeli 2 – Eine unkenntlich gemachte Königsgestalt 100

Hatip – Großkönig Kurunta, Muwattallis Sohn 101

Hemite – Relief eines Prinzen am Fluß 107

Keben – Rätselhafte Frauengestalt am alten Bergsteig 112

ZUSAMMENFASSUNG UND HISTORISCHE EINORDNUNG DER RELIEFS 119

CHRONOLOGISCHE ÜBERSICHT ZU DEN RELIEFS DES HETHITISCHEN GROSSREICHES 121

ANHANG 122

- Anmerkungen 122
- Bibliographie 123
- Bildnachweis 124
- Adresse des Autors 124

VORWORT

Man muß einem Land, seinen Bewohnern und damit auch den Kulturdenkmälern sehr verbunden sein, wenn man sich nahezu alljährlich über ein Vierteljahrhundert hinweg aufmacht und einer selbstgestellten Aufgabe und dann auch noch mit eigenen Mitteln diszipliniert nachkommt. Der Architekt und Bauforscher Prof. Horst Ehringhaus (Innsbruck) hat dies getan. Sein Anliegen war es, möglichst alle in Stein geschlagenen Darstellungen des Hethitischen Großreichs zu erfassen und wiederzugeben. Teilweise sind diese als Reliefs auf Felsflächen hergestellt worden und somit kaum zu schützen; aber es geht auch um zahlreiche hieroglyphen-luwische Inschriften, die in der gleichen Epoche auf steinernen Orthostatenplatten oder mobilen Steinblöcken entstanden sind. Dieses zwischen 1980 und 2004 zusammengetragene Material ist in dem vorliegenden Band erfaßt. Wir begegnen zum einen Photographien, die vom Autor angefertigt wurden, zum anderen aber auch seinen sorgfältigen Zeichnungen und Beschreibungen. Bedenkt man den langen Zeitabschnitt zwischen der Entstehung der Monumente und der Gegenwart, dann ist dieses «Innehalten» und genaue Beobachten und Dokumentieren der alten Dokumente einer Herrschaft in Anatolien sicherlich unter den verschiedensten Aspekten höchst begrüßenswert. Es sind Kulturgüter von hoher Bedeutung. Gewiß, die meisten Objekte sind schon lange bekannt, und sie wurden in früheren Berichten und Dokumentationen gewürdigt. Diese entsprachen aber naturgemäß dem damaligen Stand der archäologischen, historischen und sprachwissenschaftlichen Forschung. Eine Aufnahme des Gesamtbestandes im ausgehenden 20. Jh. war schon deshalb gegenüber den früheren Erfassungen sinnvoll. Diese Dokumentation wird mit Sicherheit auch Jahrzehnte oder gar Jahrhunderte später noch als eine verdienstvolle «Momentaufnahme» in einer kritischen Zeit gewürdigt werden. Denn vieles ist bekanntlich schon angesichts des letztlich nicht aufzuhaltenden, fortschreitenden Substanzverlustes durch Witterungseinflüsse und mutwillige Beschädigungen verloren gegangen. Dies wird so weitergehen, leider.

Der Autor hatte bei seinen Reisen offensichtlich auch die nötige Muße, die ihm ermöglichte, den so wichtigen wechselnden Gegebenheiten des Tageslichtes Rechnung zu tragen. Er berichtet über die unterschiedlichen Erhaltungszustände und die unmittelbare Umgebung der Werke sowie über die landschaftliche Situation. Ebenso wird die verschiedenartige Lage zu den Himmelsrichtungen berücksichtigt und – soweit gegeben – die Ausrichtung auf markante Punkte im Gelände oder die Beziehung zu Gewässern und zu nahe gelegenen Siedlungsresten des ausgehenden 2. Jt. v. unserer Zeit.

Mit dem Thema des Bandes eng verbunden war sinnvollerweise die Einbeziehung der Inschriften. Hierfür konnte der Anatolist Prof. Frank Starke (Tübingen) gewonnen werden. Durch die Wiedergabe der Umschreibungen und Übersetzungen der Texte in einem fachlich notwendigen Umfang und gemäß den Regeln der sprachwissenschaftlichen Forschung ist eine bedeutende wissenschaftliche Bereicherung der Arbeit gegeben. Bei den Inschriften auf den Orthostaten am Wasserbecken von Yalburt konnte H. Ehringhaus – ausgehend von der Publikation eines von M. Poetto wiederentdeckten Fragments – eine Rekonstruktion vorschlagen, die der Klärung von bislang offen gebliebenen Fragen dienlich sein dürfte.

Der vorliegende, vom Verlag Philipp von Zabern vorzüglich gestaltete Band zeigt somit in guten Abbildungen und Beschreibungen wohl vollständig den Zustand der großreichszeitlichen Felsreliefs an der Wende zum 21. Jh. Damit können unter anderem die ikonographischen Inhalte und historischen Bezüge, sofern diese bislang erforscht worden sind, miteinander verglichen werden.

Da die Kulturen Anatoliens traditionell nicht nur wichtige Forschungsfelder der europäischen Altertumswissenschaften sind, sondern zunehmend auch in das allgemeine europäische Kulturverständnis mit einbezogen werden, ist dieser Band, der einen wichtigen Aspekt der Hinterlassenschaften der Großmacht der Hethiter erneut ins Bewußtsein ruft, gewiß bei Fachleuten wie auch interessierten Laien willkommen.

Prof. Dr. Dr. h.c. Manfred O. Korfmann,
Universität Tübingen

ZUM GELEIT

Nur das Zusammentreffen ungewöhnlicher natürlicher, kultureller und menschlicher Eigenschaften führt zur Entstehung ungewöhnlicher Bücher. Das vorliegende Werk gibt ein solch selten gewordenes Beispiel. Es handelt über uralte menschliche Hinterlassenschaften aus einer geographischen Befindlichkeit, die sich wie eine gewaltige Halbinsel von der westlichen Peripherie Vorderasiens aus bis weit an den Kern Europas heranschiebt. Hier besteht seit Alters her eine naturräumlich vorgegebene Berührungszone, die das Schicksal der beiden Kontinente untrennbar miteinander verwob, bisweilen aber auch heftig gegeneinander abgrenzte.

Mit dem Versuch, die Türkei in die Europäische Union einzubinden, legt sich in unseren Tagen erneut eine höchst aktuelle politische Dimension von derzeit noch nicht abzuschätzender Tragweite über die Region. Die Diskussion über das Für und Wider der Angliederung verläuft deshalb so zäh, weil kaum ein sonstiger Europäer den anatolischen Subkontinent kennt, sieht man einmal von jenen Küstensäumen ab, an denen die jumbojetweise herangekarrten Sommertouristen nach teutonischer Manier von der Sonne sich rösten und dabei sogar gelegentlich die Füße ins Mittelmeer baumeln lassen. Irgendein Kontakt mit Land und Leuten ist nicht vorgesehen; die Einheimischen stehen – wie hierzulande die Türken/innen auch – lediglich als willfähriges Dienstpersonal zur Verfügung. Bestenfalls bestaunt man, um Kulturbeflissenheit zu demonstrieren, ein paar zu Touristenattraktionen emporstilisierte Ausgrabungsstätten und verkennt, daß es sich dabei zumeist um Denkmäler alter Seefahrervölker handelt, die ihrerseits gewissermaßen als Touristen ins Land gekommen waren und der Annehmlichkeit der natürlichen Gegebenheiten halber hier hängen geblieben sind, wie in Ephesos.

Mit Ausnahme weniger Rucksacktouristen bleibt das Innere Kleinasiens dem Normaleuropäer fremd, was allemal der Xenophobie den Weg bereitet. Hat man indes von den küstennahen Schwemmebenen aus die bizarren Küstengebirge erst einmal überwunden, so läßt sich längs der fruchtbaren Flußauen eine kleinräumig gegliederte Landschaftsfülle bemerken, deren natürlicher Liebreiz im arg zersiedelten Zentraleuropa kaum noch seines Gleichen zu erkennen gibt. Wer Natur und Menschen sucht, dem sei Inneranatolien empfohlen und dann wird der Reisende nicht nur auf Leute wie Du und Ich, sondern auch auf die unverfälschten Spuren der Alteinwohner der heutigen Türkei stoßen.

Mit der Wiederentdeckung der Antike seit der Renaissance durch das gebildete Bürgertum gerieten zunächst die kulturellen Leistungen Griechenlands und Roms in das Blickfeld der gelehrten Welt und überblendeten Jahrhunderte lang das historische Erbe ihrer Nachbarvölker. Es währte dann aber nicht lange bis man begann, auch die Hochkulturen des Fruchtbaren Halbmondes als altweltliche Wiege allen zivilisatorischen Fortschritts zu erkennen und zu erforschen. Mesopotamien und Ägypten entwickelten sich zum Tummelplatz von Archäologen jeder Couleur bis hinauf zu Usurpatoren vom Schlage eines Napoleons I. Merkwürdig unberührt von dieser Antikenbegeisterung verblieb in xenophobischer Enthaltsamkeit über geraume Zeit hinweg die anatolische Landmasse. Hier hallte wohl das unselige Schlagwort von der «Türkengefahr» noch nach. Kleinasien erschien archäologisch offenbar unergiebig und erfuhr bestenfalls in seinem ägäischen Anteil, sofern sich dort griechische Einflüsse geltend gemacht hatten, die gebührende Beachtung. Erst in der 2. Hälfte des 19., forciert dann in der 1. Hälfte des 20. Jhs. wurde allmählich klar, daß auch das Gebiet zwischen Zweistromland und Ägäis bereits sehr früh hochkulturliche Errungenschaften vorzuweisen hatte. Sie führten schon mit Beginn des 2. Jts. vor der Zeitenwende zu Städtegründungen, zu monumentaler Architektur und Bildkunst sowie zur Schriftlichkeit, womit sich alle jene Anzeichen herausbildeten, die einen Gesellungsverband in den Rang einer Hochkultur erheben.

So verdichtete sich mit der Zeit das Fundstättennetz auf der archäologischen Landkarte zwischen Schwarzem Meer und Levante, gleichwohl gibt es noch genügend Forschungsdesiderate zu enträtseln und auch immer wieder neues Überraschendes zu entdecken. Die weißen Flecken ein wenig zu mindern, hatte sich Horst Ehringhaus vorgenommen, als er vor über einem Viertel Jahrhundert den anatolischen Subkontinent zum ersten Mal betrat. Mentalitätsgeschichtlich läßt es sich freilich heutigentags nicht mehr einwandfrei klären, ob ihn vorab die unerschöpfliche Natur einer europäisch noch weitgehend unerschlossenen Landschaft faszinierte oder ob er bereits damals das archäologische Gepäck geschultert hatte. Denn er kam als Spätberufener in die Türkei, um sich, im Zenit seines professionellen Engagements stehend, nun endlich einen Jugendtraum zu erfüllen.

Horst Ehringhaus gehört zu jener Generation unseres Kontinents, die in der Blüte ihrer Jugend die Schrecken des Zweiten Weltkrieges am eigenen Leib leidvoll erfahren mußte. Er verlor noch in den letzten Gefechtstagen seinen rechten Arm, was ihn indes nicht hinderte, ein von einem unerschütterlichen Optimismus wie nie nachlassender Arbeitskraft geprägtes erfolgreiches berufliches und privates Leben aufzubauen. Seine Tätigkeit als Architekt brachte ihn mit Fragen baulicher Rekonstruktionen in Berührung, ein Fachgebiet, auf dem die meisten Archäologen dilettieren und sachkundiger Ratschläge bedürfen. Seine beruflich vorgegebene Auffassung, die spannungsvolle Polarität von Zweckbestimmung und Erscheinungsform bilde letztlich das Grundproblem des Bauens, ordnet die Beziehung des Menschen zum Raum und zwar sowohl in ihrer bewußten Wahrnehmung wie auch in ihrer instinktiven Empfindung. Damit brachte Horst Ehringhaus neue methodische Ansätze ins Fach, die sich spurenhaft bereits an ur- und frühgeschichtlichen Gebäuderesten in Mesopotamien, in Nordsyrien, im iranischen Aserbeidschan und in Anatolien nachweisen lassen und noch lange Zeit in Bauwerken aus historischer Zeit zu verfolgen sind.

Verständlicherweise reizte es ihn, an Ausgrabungen selbst teilzunehmen. Die Gelegenheit bot ihm Barthel Hrouda aus München, der ihn zum Sirkeli Höyük zwischen Taurus und Küste ins «Ebene Kilikien» holte. Dort hatten türkische Forscher an der flußseitigen schroffen Felswand des ruinentragenden Siedlungshügels bereits 1934 ein fast lebensgroßes Relief entdeckt, das beischriftlich als Gestalt des hethischen Großkönigs Muwatalli II. (ca. 1290–1272 v. Chr.) identifiziert werden konnte. Es war Horst

Ehringhaus, der gelegentlich der dritten Münchner Grabungskampagne 1994 nur 13 m neben dem schon bekannten ein weiteres in den Felsen gehauenes Bildwerk ausmachte, das über mehr als ein halbes Jahrhundert hinweg den sonst ja zumeist als scharf beschriebenen Augen der Archäologen entgangen war. Auch darüber berichtet das vorliegende Buch. Das durchaus aufmunternde Erlebnis einer eigenständigen Neuentdeckung bildete zweifelsohne für den Verfasser die kraftvolle Initialzündung, nun den hethischen Felsbildern die beschauliche Ruhe eines ansonsten wohlverdienten Pensionärsdaseins zu opfern. Am Institut für Ur- und Frühgeschichte der Universität Innsbruck fand er eine wissenschaftliche Heimat. Er übernahm nach Barthel Hroudas Abgang die Grabungsleitung auf dem Sirkeli Höyük, so daß die Innsbrucker Studierenden Gelegenheit bekamen, Auslandserfahrungen zu sammeln. Es kennzeichnet Horst Ehringhaus' Souveränität in hohem Maße, daß er die umfangreiche Grabungspublikation in den Istanbuler Mitteilungen nicht allein autorisierte, sondern daß er auch die Innsbrucker Studenten als Koautoren namhaft zu machen wußte. So schulden wir ihm vielfältigen Dank, und es bildete jedes Mal ein eindruckvolles Erlebnis, wenn er von einer archäologischen Reise aus der Türkei zurückkehrte und in gewohnter Lebhaftigkeit über seine Feldforschungen zu den hethitischen Felsbildern berichtete. Es blieb uns nicht verhohlen, daß sich die von ihm vorgetragenen Ideen, Interpretationen und Folgerungen mit der Zeit monographisch zu verdichten begannen. So sammelte er in vielen Jahren begeisterungsvoll und unermüdlich das Material für seine «Götter, Herrscher und Inschriften» der hethitischen Großreichszeit. Es gelang ihm, die weit über den Subkontinent verstreuten Denkmäler vollständig aufzunehmen und ihren Ist-Zustand zu dokumentieren. Dabei übergeht er nicht das traurige Kapitel des Substanzverlustes, sei es durch natürliche Erosion, sei es durch menschlichen Unmut. Viele der von Horst Ehringhaus zumeist selbst photographierten Bilder stellen bereits jetzt historische Zeugnisse dar, wenn nämlich die Felsreliefs erst in den letzten Jahren einer veränderten Klimaeinwirkung oder einem aufflackernden Vandalismus ausgesetzt waren. Auch das macht das vorliegende Buch so wertvoll. Unsere Nachfahren werden manche von Horst Ehringhaus noch in guter Erhaltung gesehene Denkmäler in einem kaum noch erkenn-, geschweige denn lesbaren Zustand vorfinden. Möge denn dem eindringlichen Fanal des Verfassers, diese unersetzlichen Archivalien einer stolzen Geschichte pfleglich zu bewahren und zu schützen, nachhaltig Gehör geliehen werden!

Konrad Spindler, Innsbruck

EINLEITUNG

Im Inneren Anatoliens, in der vom Kızılırmak, dem antiken Halys auf seinem Weg von Ostanatolien zum Schwarzen Meer in weitem Bogen umflossenen Landschaft entstand in der 2. Hälfte des 18. Jhs. v. Chr. aus zunächst kleinen Anfängen das Hethitische Reich. Das geschah nicht, wie früher angenommen wurde, als Folge einer plötzlichen Einwanderung, sondern nach einer allmählichen, bereits im 3. Jt. v. Chr. beginnenden Entwicklung, die vor allem von der Sprachwissenschaft erforscht wurde. Das später erstarkte Hethiterreich, dessen Hauptstadt dann von Nēsa/Kaneš nach Ḫattusa verlegt worden war, dehnte ab Mitte des 16. Jhs. v. Chr. seinen Machtbereich unter den Königen Ḫattusili I. und Mursili I. nach Südosten und Süden aus. Nach einer Zwischenzeit des Niederganges hatte sich um 1500 v. Chr. dieses Großreich, das seine Aktivität bald auch auf Westkleinasien erstreckte, konsolidiert. Zu dieser Zeit erhielt es unter dem König Telibinu eine eingehend differenzierte, sehr ausführliche und in manchem modern anmutende Verfassung. Dieses «Hethitische Großreich», das zur Erhaltung und Ausweitung seiner Macht nicht nur militärische Mittel einsetzte, sondern auch eine geschickte Vertragspolitik betrieb, bestand bis zu seinem Untergang um 1190/1180 v. Chr.. Aus seiner letzten Phase, vom Ende des 14. bis zum Ende des 13. Jhs. v. Chr., sind in Anatolien zahlreiche Felsreliefs und Inschriften auf Felsen, Stelen und Orthostaten erhalten, die in diesem Band gezeigt und erläutert werden. Im ersten Kapitel sind die Denkmäler des hethitischen Kernlandes erfaßt, im zweiten die west-kleinasiatischen an der Ägäisküste und im dritten die süd-kleinasiatischen der Region an der Mittelmeerküste.

Ich beabsichtige, mit diesem Band eine vollständige, bei den Inschriften weitgehend komplette Dokumentation und damit eine gute Möglichkeit zum unmittelbaren Vergleich zu geben, wobei der aktuelle Stand der Forschung beachtet wird und auch kontroverse Diskussionen berichtet werden. Es war mir über die Dauer eines Vierteljahrhunderts vergönnt, auf zahlreichen Reisen und auch längeren Aufenthalten in Kleinasien, besonders in der Türkei, das Land sehr gut kennenzulernen, die hier wiedergegebenen Beobachtungen zu machen, die Steindenkmäler im jahreszeitlich und im Tagesverlauf wechselnden Licht zu studieren, zu photographieren und zu zeichnen. Reisen der letzten Jahre dienten zur Aufnahme der inzwischen eingetretenen, teilweise schmerzlichen Veränderungen des Erhaltungszustandes der Objekte, vereinzelt zur Feststellung des endgültigen Verlustes. Mancher Photographie aus der Vergangenheit kommt daher dokumentarische Bedeutung zu.

Eine große Bereicherung meines Wissens und gründliche Kenntnisse in der Feldarchäologie wurden mir zuteil, als ich durch eine Empfehlung von Peter Z. Spanos nach einer Aufforderung durch Herrn Prof. Dr. B. Hrouda, denen ich dafür Dank schulde, an der 1992 vom Institut für Vorderasiatische Archäologie der Ludwig-Maximilians-Universität München begonnenen, jährlichen Ausgrabung des Sirkeli Höyük, eines bronzezeitlichen Siedlungshügels in Kilikien, teilnehmen konnte. Zuletzt als Grabungsleiter, nachdem die Grabung 1996 auf das Institut für Ur- und Frühgeschichte sowie Mittelalter- und Neuzeitarchäologie der Leopold-Franzens-Universität Innsbruck, Vorstand Prof. Dr. Konrad Spindler, übergegangen war. Diese guten Lehrjahre in Südanatolien führten auch zu einer Vertiefung der Begegnung mit hethitischen Felsreliefs, zumal sich in einer Felsbarriere am Fuße des Sirkeli-Hügels das Relief des Großkönigs Muwattalli II. befindet, in dessen unmittelbarer Nachbarschaft ich 1994 ein zweites, der Wissenschaft bis dahin unbekanntes Felsrelief entdecken konnte.

Kenntnisreiche und scharf beobachtende Gefährtin auf den gemeinsamen, anfangs oft unter widrigen Umständen durchgeführten Kleinasien-Reisen war meine Frau Ulla, der ich viel verdanke. In den letzten Jahren waren dann der bewährte Freund und Student der Ur- und Frühgeschichte Burkhard Weishäupl sowie mein Sohn Jost und auch mein Bruder Gerd kameradschaftliche, belastbare Helfer, auf die ich angewiesen war. Als wertvoll erwies sich die freundschaftliche Überlassung von Hilfsgerät für die Fotoarbeit durch unseren ehemaligen Grabungsphotographen Kurt Stupp. Ihnen allen gebührt mein aufrichtiger Dank. In diesen muß ich aber auch die zahlreichen ungenannten Menschen in der Türkei einschließen, deren bereitwillige Hilfe oft wichtige Voraussetzung für das Gelingen unserer Vorhaben war und deren gastfreundliche Aufnahme in den Dörfern uns unvergessen bleibt.

Zunächst hatte mir der Tübinger Altorientalist und Anatolist, Prof. Dr. Frank Starke auf meine Bitte hin seine «philologische Beratung» zugesagt. Bald zeigte sich jedoch, daß die Wiedergabe der Reliefbeischriften und Inschriften, die untrennbar zum Thema des Bandes gehören, mit meinem unzureichenden Kenntnisstand nicht möglich war.

Frank Starkes Hilfe – auch bei den historischen Angaben – entwickelte sich daher zu einer intensiven Mitarbeit, ohne die diese Arbeit, bei der ich viel lernen durfte, nicht zu leisten gewesen wäre. Vor allem gilt daher ihm mein tiefer Dank. Ihm folgend wurden für die Wiedergabe der Umschrift der luwischen Hieroglyphenzeichen, insbesondere der Logogramme, die Listen bei Marazzi u. a. 1998, 27–127 verwendet.

Ein herzlicher Dank für die sehr sorgfältige Bearbeitung des oft schwierigen Textes und der Abbildungen gebührt schließlich Frau Dr. A. Nünnerich-Asmus und ihren Mitarbeiterinnen, besonders den Damen G. Klose und I. Schmidt, vom Verlag Philipp von Zabern, Mainz.

Es ist meine Hoffnung, daß der Band dem interessierten Nichtfachmann dienlich ist und der wissenschaftlichen Betrachtung nicht im Wege steht.

Horst Ehringhaus
Innsbruck, am 1. November 2004

DIE DENKMÄLER IM HETHITISCHEN KERNLAND

ALACA HÖYÜK – KULTSZENEN

Nach der 1836 erfolgten Entdeckung durch den englischen Forschungsreisenden W. J. Hamilton und einer ersten Grabung durch Th. Makridi (1907) haben in den 1930er Jahren die türkischen Archäologen R. O. Arık und H. Koşay auf einem nördlich der Hauptstadt des Hethiterreiches gelegenen Hügel bei Alaca mehrere, von späteren Siedlungsschichten überlagerte Fürstengräber aus dem letzten Drittel des 3. Jts. v. Chr. ausgegraben: Deren überaus reiche Grabbeigaben gehören zu den wertvollsten Schätzen des Archäologischen Museums in Ankara. Nachdem im 15. Jh. v. Chr. auf dem Hügel eine ausgedehnte hethitische Tempel- oder Palastanlage errichtet wurde, erhielt deren monumentale Torfront eine umfangreiche Ausstattung mit Reliefs und plastischen Bildwerken (Abb. 1). Bei diesen Reliefs, die auf ganze Länge die Sockelzone der Tempelfassade schmücken, handelt es sich nicht um vor die Mauern gesetzte Verkleidungsplatten, sog. Orthostaten, sondern um massive Andesitblöcke des Mauerverbandes. Zwar sind die Reliefs von Alaca Höyük somit auch keine Felsreliefs im engeren Sinne, wenn man darunter nur Bildwerke versteht, die in Felsflächen in der freien Natur ausgearbeitet worden sind. Da sie jedoch zu den frühesten hethitischen Steinbildwerken gehören und vielgestaltige, auch in originären Felsreliefs wiederkehrende Bildinhalte aufweisen, ist es sinnvoll, sie zusammen mit jenen zu betrachten.

Beiderseits des Tempel- oder Palasttores sind in der Sockelzone der Frontseite, aber auch in den Wangen des Torweges, kultische Handlungen in flachem Relief dargestellt (Abb. 2). Links des Tores wendet sich vor einem reich dekorierten Altar der im Ornat des höchsten Priesters gekleidete König der dahinter auf einem Podest stehenden Stiergestalt zu, dem Sinnbild des Wettergottes; der Wettergott war die Hauptgottheit des Reiches. Die linke Hand hat der König zum Grußgestus erhoben, in der rechten hält er das Kalmus, einen am unteren Ende gekrümmten Stab (auch Lituus genannt, aber so hieß im antiken Rom der oben gebogene Krummstab der Auguren). Dem König folgt in gleicher Haltung die Königin, deren linke Hand das reich gefaltete Gewand rafft und von deren zerstörter Radhaube (?) ein langer Rückenschleier bis zum Boden herabhängt (Abb. 3). Das Herrscherpaar wird begleitet von einem Kultfunktionär, der vier differenziert und sich überschneidend gestaltete Opfertiere heranführt (Abb. 4), gefolgt von drei weiteren, an der Kulthandlung beteiligten Gestalten in

Abb. 1 Alaca Höyük. Gesamtansicht der Reliefblöcke und der Sphingen an den Torpfeilern der Tempel-/Palastanlage.

langen Gewändern (Abb. 2). Daran schließen sich außen links teils unvollendete Szenen mit Musikanten und Gauklern an, die sich nach links wenden (Abb. 5), einem ganz außen dargestellten, ebenfalls unvollendeten Stierbild entgegen.

Rechts des Tordurchganges – analog zu dem links stehenden Wettergott – nimmt auf dem Eckblock eine thronende, nach rechts gewandte weibliche Gottheit im langen Gewand mit Radhaube und Rückenschal die Anbetung mehrerer männlicher Gestalten entgegen (Abb. 6). Bei der Göttin handelt es sich wohl um die zweite Hauptgottheit des Hethiterreiches, die Sonnengöttin von Arinna. Sie hält in der Hand ihres vorgestreckten linken Armes ein Gefäß und hat die Hand des angewinkelten rechten Armes unter das Gesicht erhoben. An den Sockeln der Wangenmauern des Tordurchganges setzen sich die Szenen fort. Beiderseits des Torweges ragen zwei monumentale Pfeiler auf, deren Fronten fast vollplastische, ausdrucksstarke Reliefs von mehr als 2 m hohen Sphingen tragen, wie sie später mit ähnlichen Stilelementen – aber reifer ausgeformt – am Yerkapı, dem Südtor der Hauptstadt Boğazköy/Ḫattusa auftreten (Abb. 8. 9) In Alaca Höyük weist die linke Seitenfläche des rechten Sphinxpfeilers die gut erhaltenen Reste eines Reliefs auf, in dem ein Doppeladler zwei Hasen in den Fängen hält. Darüber stand einst eine große, nach links gewandte Gestalt, von der noch ein mit Schnabelschuh bekleideter Fuß, die weit nach rechts ausladende Gewandschleppe und die Rückenlinie bis an den schwachen Rest des Kalmus zu sehen sind (Abb. 9). Das Relief hat somit einst einen König dargestellt, der sich in das Innere der Anlage wendet.

Auch auf der rechten Seitenfläche des linken Sphinxpfeilers sind noch sehr schwache Spuren eines verlorenen Reliefs erhalten. Diese wurden von R. L. Alexander als die Reste einer nach rechts gewandten Frauengestalt gedeutet, der «Great Queen», die – gleich dem gegenüber stehenden König – ebenfalls über einem Doppeladler steht.[1] Desgleichen weisen die weiter innen beiderseits des Torweges stehenden Pfeiler in Bodennähe die Reste von Füßen mit Schnabelschuhen auf, die zu zwei zum Tor gewandten Gestalten gehörten (Abb. 7).

Obwohl die Reliefs von Alaca Höyük einen zusammenhängenden Fries darstellen, sind die einzelnen Bildszenen stets auf die Fläche nur eines Blockes beschränkt, sie greifen nicht über die Stoßfugen des jeweiligen Blockes hinaus. Alle Werkstücke der Sockelzone weisen – abgesehen von den Eckquadern – etwa die gleiche Größe auf. Einige Blöcke jedoch mit wesentlich

Abb. 2 Alaca Höyük. Die Front links des Tores. Eine repräsentative Prozession begleitet das Herrscherpaar bei der Kulthandlung. Abguß, die Originale befinden sich im Archäologischen Museum Ankara.

Abb. 3 Alaca Höyük. König und Königin im Anbetungsgestus vor einem Altar, hinter dem die Statue des stiergestaltigen Wettergottes steht (Archäologisches Museum Ankara).

Abb. 4 Alaca Höyük. Ein Kultfunktionär führt Opfertiere zum Altar (Archäologisches Museum Ankara).

Abb. 5 Alaca Höyük. Auch Gaukler und Musikanten sind im Festzug des Herrscherpaares dargestellt (Archäologisches Museum Ankara).

Abb. 6 Alaca Höyük. Auf den ersten Blöcken rechts des Tores grüßen Kultfunktionäre die thronende weibliche Gottheit.

größeren Abmessungen und besonders bewegten Reliefs, deren ursprüngliche Lage in der Fassade nicht geklärt ist, stammen wohl aus einer höher gelegenen Schicht oberhalb des Sockels (Abb. 10). Sie tragen spannungsvoll gestaltete Jagdszenen mit wunderbaren Darstellungen von Hirschen und Hunden, von Keiler, Panther und Stier. Auch ein teils vollplastisch, teils im Relief ausgearbeiteter Löwe, der ein Stierkalb unter seinen Pranken hält, gehört zu dieser Gruppe von größeren Bildwerken, die trotz anderen Inhaltes stilistisch den Sockelreliefs verwandt ist. Weitere dazu gehörende Fragmente wurden von H. Baltacıoğlu beschrieben.[2] K. Bittel formulierte zu den Reliefs von Alaca Höyük die folgende Wertung: «Es ist kein Zweifel, diese Gruppe von Bildwerken von Alaca Höyük verkörpert trotz mancher primitiv und auch naiv anmutender Züge eine Bildkunst von nicht zu verkennendem Rang, in manchem sogar von erstaunlicher Kühnheit, die den Weg zu bisher nicht bekannten, mindestens nicht gewagten Dimensionen zu öffnen scheint.»[3]

In den Reliefs von Alaca Höyük wurden bereits Szenen und Details formuliert, die fortan in vielen hethitischen Felsreliefs immer wieder anzutreffen sind. Sie besaßen offenbar nicht nur

Abb. 7 Alaca Höyük. Auch auf den inneren Torpfeilern weisen Reste von Füßen auf einst vorhanden gewesene Reliefs hin.

Abb. 8 Alaca Höyük. Reliefs von monumentalen Sphingen sind auf den äußeren Torpfeilern ausgearbeitet. Der starke Ausdruck der ‹archaischen› Sphingen berührt den Betrachter noch heute intensiv.

wichtige kultische Bedeutung, sondern haben wohl auch dem unverwechselbaren Identifizieren der dargestellten Gestalten und Handlungen gedient. Dazu gehören z. B. die Einzelheiten der Kleidung und die Attribute des Königspaares, dessen Gesten, die Ausformung des Altares und ebenso der Stier des Wettergottes, der als die Wiedergabe eines im Tempel stehenden Altarbildes anzusehen ist.[4] Einige Gestalten sind vollständig im Profil abgebildet, andere wechselseitig, ideographisch, die Beine im Profil, der Körper frontal und der Kopf wieder im Profil – eine bei den hethitischen Felsreliefs immer wieder vorliegenden Darstellungsweise.

Eine sichere Datierung der Reliefs ist noch nicht möglich, so daß auch darin dem von K. Bittel formulierten *terminus post quem* gefolgt werden darf: «In welche Phase der hethitischen Bildkunst gehören nun diese Denkmäler? Die Frage ist sehr lebhaft erörtert und bis heute nicht einhellig beantwortet worden. Ich bin der Meinung, daß sie vor dem 13. Jahrhundert v. Chr. gearbeitet worden sind, und zwar aus folgendem Grund: sie unterscheiden sich im Stil ganz wesentlich von der hauptstädtischen Kunst dieses Jahrhunderts. Das kann man kaum [. . .] auf das un-

Abb. 9 Alaca Höyük. Der Doppeladler auf der Innenseite der rechten Sphinx, der auch im großen Hauptrelief von Yazılıkaya wiederkehrt, hält in seinen Fängen zwei Hasen; darüber die Reste des verlorenen Reliefs einer großen, nach links gewandten Gestalt.

Abb. 10 Alaca Höyük. Aus einer höherliegenden Schicht der einst monumentalen Front könnte das ausdrucksstarke Relief des Stiers stammen (Archäologisches Museum Ankara).

terschiedliche Steinmaterial zurückführen, aber noch weniger auf die räumliche Distanz, denn sie ist so gering, daß sich die Schule von Ḫattuša sicher geltend gemacht hätte, um so mehr, als es sich hier um eine Darstellung handelt, in der ein Großkönig selbst erscheint. Die starke, spannungsvolle Bewegung der Jagd- und Tierreliefs fehlt der Kunst des 13. Jahrhunderts, verbindet aber Alaca Höyük mit [...] Bildwerken von Boğazköy aus der Spätzeit des Althethitischen [...]. Aber die Wende vom 15. zum 14. Jahrhundert dürfte als obere Grenze für die Zeit der Entstehung dieser Bildwerke angemessen sein.»[5]

GAVUR KALESI – ZWEI GÖTTER GRÜSSEN EINE THRONENDE GÖTTIN

Abseits der alten Straße von Ankara über Polatlı/Gordion ins phrygische Bergland erhebt sich bei dem Dorf Dereköy, etwa 70 km südwestlich der türkischen Hauptstadt in einer unübersichtlichen Hügellandschaft ein etwa 60 m hoher Felsrücken. Sein künstlich gebildetes, ca. 1200 m² großes Gipfelplateau schließt einen eingeebneten Felsstock ein, dessen 12 m hohe, abgearbeitete Steilwand im Süden zutage tritt. Beiderseits an diese

Abb. 11 Gavur Kalesi. Auf dem Gipfel des Hügels ergänzten einst mächtige Mauern den Felsen, dessen Südseite die Reliefs trägt.

Abb. 12 Gavur Kalesi. Über eine Kluft hinweg grüßen zwei überlebensgroß dargestellte Götter die nur in Umrissen flach ausgearbeitete Gestalt einer thronenden weiblichen Gottheit.

Abb. 13 Gavur Kalesi. Die beiden detailliert wiedergegebenen Götter in der für männliche Gestalten üblichen wechselseitigen Darstellung.

Felspartie anschließend bilden Mauern aus großformatigen Basaltblöcken die übrigen, den Hügel bekrönenden Ränder des Plateaus, dessen Südostecke aus sehr exakt gefügten, mächtigen Polygonalquadern noch heute den Steilhang des Hügels monumental überragt (Abb. 11). Der Hügel wurde 1861/62 von den französischen Forschungsreisenden G. Perrot und E. Guillaume entdeckt und war 1930 Objekt der archäologischen Untersuchung durch H. H. von der Osten.[6] Eine türkisch-dänische archäologische Expedition wurde 1993–1998 unter der Leitung von S. Lumbsden im Auftrage der Bilkent-Universität Ankara durchgeführt, deren Grabungsberichte ausführlich von H. Kühne in einem Aufsatz wiedergegeben wurden. Dieser enthält in Text, Plänen und Abbildungen eine eingehende Beschreibung der Felsanlage.[7]

In der nach Süden (170–200°) gerichteten, von einer senkrechten Kluft gespaltenen Kalksteinwand sind die beiden Partien des Reliefs ausgearbeitet (Abb. 12). Rechts der Spalte schreiten zwei 3,40 bzw. 3,65 m hohe, männliche Götter im Kriegergewand nach links in Richtung auf eine jenseits der Spalte thronende, sich ihnen entgegenwendende weibliche Gottheit. Die stark erhaben modellierten Götter haben den rechten Arm zum Grußgestus erhoben und den linken an die Brust gelegt (Abb. 13). Sie sind mit den üblichen Schurzröcken der Krieger bekleidet und tragen Schnabelschuhe und Spitzhüte. Der mit einem Wulst ansetzende Hut des hinteren Gottes weist drei Hörner an der Vorderkante und ein weiteres an der Rückseite auf, während der sehr verwitterte der vorderen Gestalt an der Vorderseite noch gut ein Horn und die schwachen Reste zweier weiterer sowie eines rückseitigen Hornes erkennen läßt. Daß die Anzahl und die Anordnung von Hörnern an den Spitzhüten die Rangfolge der Götter bezeichnet, wurde früher bisweilen – so auch von E. Akurgal – angenommen.[8] Genaue Vergleiche zwischen den Bildinhalten zahlreicher Felsreliefs entzogen dieser Annahme jedoch die Grundlage. Lange Nackenhaare enden bei dem hinteren Gott hinter dem Ellbogen in einem langen Zopf, der bei dem vorderen abgewittert sein mag. Die hintere Gestalt ziert ein (Zeremonial-?)Bart, die vordere ist bartlos. Beide Schurzröcke weisen teils reliefierte, teils geritzte Ziersäume am unteren Rand und an der Vorderkante des Wickelrockes auf und weit nach hinten ausschwingende, die Bewegung unterstreichende Rockzipfel an der Rückseite. Beide Götter tragen als einzige Waffen links, vor dem Körper, Schwerter. Bei dem vorderen Gott läuft der reliefierte Saum an der Vorderkante des Wickelrockes über die geritzte Schwertschneide hinweg, ein Fehler, wie er ähnlich auch bei dem Relief Sirkeli 1 des Großkönigs Muwattalli am Schaft des Kalmus zu beobachten ist.

Das 2,42 m hohe Relief der links von der Spalte thronenden Göttin wurde, wie H. H. von der Osten berichtete, 1907/08 von A. T. Olmstead gesehen, blieb aber unpubliziert.[9] Es ist zwar in plastisch geführtem Umriß, jedoch (noch?) ohne Innenzeichnung ausgeführt (Abb. 14). Die Gestalt zeigt die für weibliche Gottheiten kanonischen Merkmale der hethitischen Felsreliefs der späten Großreichszeit. Dazu gehören die in der Seitenansicht dargestellte und dadurch kegelförmig erscheinende Radhaube, die häufig als eine besondere, niedrige Kegelmütze weiblicher Gottheiten verkannt wurde, das lange Gewand und der von der Radhaube am Rücken herabhängende Zopf oder Schleier, das Heilssymbol über der Hand des vorgestreckten vorderen Armes und das in der Hand des angewinkelten hinteren, linken Armes gehaltene Gefäß. Weitere Einzelheiten der Gestalt und des nur angedeuteten Thrones sind nicht erhalten.

Links von der thronenden Göttin, in etwa gleichem Abstand wie zu den Götterreliefs, weist die Felswand eine geglättete Fläche auf, die in einer flachen Nische liegt (Abb. 11). Für deren mögliche Zweckbestimmung kann es nur hypothetische Annahmen geben. K. Kohlmeyer hält eine dort beobachtete Absplitterung in der Größe einer der Götterfiguren für ein Indiz, das auf das frühere Vorhandensein einer später ausgemeißelten Gestalt hinweisen könnte; er bietet aber auch den Gedanken an mobile, bei Festen in der Nische aufgestellte Götterbilder an.[10] Vor dieser Nische lassen sich Spuren von Abarbeitungen im Felsboden zur Rekonstruktion einer flachen Bank ergänzen, wie sie auch vor den Reliefs der beiden Götter noch zu erkennen ist. Derartige Bänke, die vielleicht zum Niederlegen von Opfergaben gedient haben, sind z. B. in dem Felsheiligtum von Yazılıkaya nahe der hethitischen Hauptstadt Ḫattusa vorhanden.

Trotz des engen Bezuges, der zwischen den Gestalten beiderseits der Kluft besteht, ist die unterschiedliche Ausführung auffallend: Während die Darstellung der Götter im plastischen Hochrelief bis in die Details geht, ist das flache Relief der weiblichen Gottheit nur im Umriß ausgearbeitet und zeigt keine Details, wofür unterschiedliche Verwitterung als Ursache wohl ausscheiden kann. Die Vermutung, daß die Reliefs der männlichen Götter an einem älteren Kultplatz erst später als das dort bereits vorhanden gewesene der Göttin ausgeführt wurden, kann zwar nicht ganz ausgeschlossen werden, obwohl die Ausgrabung keine Hinweise auf eine unterschiedliche Datierung ergab. Es gibt jedoch auch anderenorts Beispiele für derartige Unterschiede der Ausführung bei eindeutig einheitlich zu datierenden Reliefs, so bei dem Felsrelief von Fıraktın, wo die weiblichen Gestalten der Göttin und der Königin ebenso flächig und ohne Innenzeichnung dargestellt sind – anders als die dort detailliert ausgearbeiteten männlichen Bilder des Wettergottes und des Königs (s. Kap. S. 59 ff.).

Weil die Reliefs keine hieroglyphischen Beischriften aufweisen, wurden zahlreiche unterschiedliche Deutungen, besonders

Abb. 14 Gavur Kalesi. Die thronende Göttin in der bei weiblichen Gestalten meistens angewandten Darstellung im Profil. Trotz der (noch?) unvollendeten Ausarbeitung zeichnen sich einige Details deutlich ab.

Abb. 15 Gavur Kalesi. Die Grabkammer (?) in der Nordseite der Umfassungsmauer.

der beiden männlichen Personen, diskutiert. So wurde angenommen, daß es sich bei ihnen um Krieger, Kriegsgötter, Könige oder Fürsten handelt. Daß in der Szene zwei Götter und eine Göttin abgebildet sind, kann jedoch – K. Kohlmeyer folgend – als sicher angenommen werden.[11] Der unterschiedliche Hörnerbesatz der Spitzhüte und die Tatsache, daß der vordere Gott bartlos, der hintere aber bärtig (Zeremonialbart?) dargestellt ist, hat verschiedene Identifizierungsvorschläge für die beiden Götter – so von E. Akurgal – ausgelöst, die jedoch unbewiesen bleiben müssen.[12] Sogar bei dem Bild der Göttin hat es Zweifel gegeben, ob hier nicht ein sitzender männlicher Gott wiedergegeben sein könnte, weil die kegelförmige Mütze und ein langer, am Rücken herabhängender «Zopf» männliche Attribute seien, wie es auch früher einmal K. Bittel[13] und F. Orthmann[14] zunächst meinten. Inzwischen wird jedoch die bereits oben wiedergegebene Auffassung, daß die kegelförmige Mütze die Seitenansicht der für Göttinnen typischen Radhaube ist, wohl allgemein anerkannt. Überzeugend stützen die von K. Kohlmeyer an den Reliefs vorgenommenen Vergleiche von Maßen und Proportionen diese Deutung.[15] Und daß der vermutete «Zopf» am Rücken auch ein von der Kopfbedeckung herabhängendes Tuch oder ein Schal einer weiblichen Bekleidung gewesen sein kann, darauf deutet u. a. eine entsprechende Beobachtung an dem Felsrelief von Keben (s. Kap. S. 112 ff.) hin, auf dem eindeutig eine weibliche Gestalt abgebildet ist.

In der Basaltmauer der gegenüberliegenden Nordseite des künstlich hergestellten Gipfelpateaus liegt genau in der Achse des Reliefs der weiblichen Gottheit eine 3 m breite, 4–4,65 m lange und mit einem Kraggewölbe überdeckte Kammer, deren mannshohe Türöffnung außen in der Mauerflucht liegt (Abb. 15). Ob die Kammer, die – wahrscheinlich in phrygischer Zeit – zu einem Durchgang mit einer ins Innere des Plateaus führenden Treppe verändert worden ist, ursprünglich eine Grabkammer gewesen ist, kann heute nicht mehr mit Gewißheit festgestellt werden.

E. Akurgal, der 2002 verstorbene Doyen der türkischen Archäologie, definierte die Kammer wie folgt: «Die in den hethitischen Texten ausführlich geschilderten Totenrituale erzählen, daß die nach der Verbrennung der Toten übriggebliebenen Knochen in einem Steinhaus untergebracht wurden. Da im Steinhaus von einem Bett und Schlafzimmer die Rede ist, muß diese Grabstätte eine ausgebaute Kammer besitzen. Die unterirdische Kammer von Gavurkalesi, die ein charakteristisches Beispiel des Isopata-Grabtypus [Kammergrab von vergleichbarer Form, nördlich von Knossos] darstellt, ist als ein monumentales Grabmal der Großreichszeit anzusprechen.»[16]

Zu der ursprünglichen Zweckbestimmung der Gesamtanlage auf dem 35 x 37 m großen Plateau gibt es aus den Sondagen des Jahres 1930 und den späteren Grabungen keine Befunde. Zwar liegen am Rand des Hügels Fundamente von Befestigungsmauern und Türmen unbestimmter, vermutlich aber späterer Zeitbestimmung, jedoch wurden sichere Spuren einer Siedlung aus der Bronzezeit nicht gefunden.

Parallelen zu einer vergleichbaren topographischen Situation und zu der Integration eines wohl für kultische Handlungen bestimmten Bauwerkes in eine natürliche Felsformation können beispielsweise in dem beschrifteten Felsen Nişantepe in der hethitischen Hauptstadt Ḫattusa und in dem monumentalen Steingebäude bei dem Felsrelief des Großkönigs Muwattalli am Sirkeli Höyük (s. Kap. S. 95 ff.) gesehen werden. Sicher war die dem Felsen innewohnende Kraft der für uns heutige Zeitgenossen kaum mehr nachzuempfindende Grund für die Errichtung von Bauwerken für Kulthandlungen und auch für die Ausführung von Felsreliefs an derartigen Orten, die K. Bittel wie folgt beschrieb: «Dem Felsen selbst kam sicher eine viel wesentlichere Rolle zu, dem Felsen nämlich als eigenem, geheimnisvollen und mit fast magischen Kräften erfüllten Gebilde, das für die Hethiter [. . .] von starker Anziehungskraft war. Welche Felsgruppe sie besaß, welche nicht, entzieht sich heute unserem Urteil.»[17]

YAZILIKAYA – NATURHEILIGTUM MIT DER DARSTELLUNG DES HETHITISCHEN REICHSPANTHEONS

Die Talmulde, die von Norden kommend nach Boğazköy, zu den Ruinen der hethitischen Hauptstadt Ḫattusa hinaufführt, wird an ihrem östlichen Rand von einem Höhenzug begrenzt, an dessen Fuß einzelne isoliert stehende Felsgruppen hervortreten

Abb. 16 Der Felsstock von Yazılıkaya (Bildmitte) in dem Höhenrücken nördlich der Hauptstadt Ḫattusa.

Abb. 17 Yazılıkaya. Der ganze Felsen mit den Eingängen zu den Kammern A (links), D (Mitte) und B (rechts). Im Vordergrund sind Fundamente der Vorbauten zu sehen.

(Abb. 16). Weit außerhalb der Stadtbefestigung, etwa 1,5 km von der Unterstadt entfernt und mit dieser einst durch einen Prozessionsweg verbunden, liegt in einer vielfältig und tief gegliederten Felspartie das hethitische Reichsheiligtum Yazılıkaya, dessen Wände Felsreliefs mit mehr als 90 Abbildungen von männlichen und weiblichen Gottheiten, Tiersymbolen und Mischwesen tragen (Abb. 17). Nur wenige der Bildwerke waren teilweise von schützendem Erdreich oder Pflanzenbewuchs bedeckt, die meisten daher seit drei Jahrtausenden sichtbar. Dennoch aber blieben sie bis in das 19. Jh. unserer Zeit «unentdeckt», jedenfalls der Wissenschaft unbekannt. Schon in der Antike war die Kenntnis von Stadt und Land Ḫattusa verloren gegangen. Durch die geographische Abseitslage im Bogen des Flusses Halys (heute Kızıl Irmak), den die Hethiter Marassanta nannten – weitab von den wichtigen, in den Orient führenden Karawanenwegen und Heerstraßen – blieb diese Unkenntnis auch über das gesamte Mittelalter bewahrt. Im Jahre 1834 erfolgte dann die neuzeitliche Entdeckung durch Charles Texier, der 1839 die erste große, mit zahlreichen zeichnerischen Wiedergaben der Reliefs ausgestattete Publikation vorlegte.[18]

Bald danach begannen Besuche, Studien und Bearbeitungen durch eine große Zahl von Gelehrten, die zu vielfältigen, oft widersprüchlichen Deutungsversuchen führten. Erst kurz vor dem Ende des 19. Jhs. hatte sich im Zusammenhang mit der zunehmenden Erforschung und der wachsenden Kenntnis von den Kulturen Vorderasiens die Überzeugung durchgesetzt, daß es sich bei den hervorragenden Felsreliefs von Yazılıkaya um ein hethitisches Heiligtum und bei dem benachbarten Stadtberg oberhalb des Dorfes Boğazköy um die Ruinen der Hauptstadt des Hethiterreiches handelte.

Die überaus spannend zu lesende Forschungsgeschichte des Felsheiligtums, die hier nicht einmal auszugsweise zitiert werden kann, fand ihren Höhepunkt und zugleich Abschluß 1975 in der umfassenden Publikation der Ausgräber unter der Leitung von K. Bittel.[19] Auf die in jenem Werk vorliegende vollständige Dokumentation in Texten, Abbildungen und Umzeichnungen muß verwiesen werden, weil im Rahmen dieser Schrift nur eine allgemeine Kurzbeschreibung der Bilder erfolgen kann, eine eingehendere Wiedergabe der Reliefs aber nicht möglich ist. Die spätere Bearbeitung durch K. Kohlmeyer bietet darüber hinaus eine systematische Erfassung sowie die detaillierte, zeichnerische und tabellarische Wiedergabe der Einzelheiten der unterschiedlichen Darstellungsweise der Reliefgestalten, der Bildausstattung, der Merkmale der Bekleidung und der Beischriften.[20] Trotz dieser guten Quellen kann jedoch hier im Interesse der Vollständigkeit und der unmittelbaren Vergleichsmöglichkeit mit den anderen hethitischen Bildwerken auf die Reliefs des Felsheiligtums nicht verzichtet werden.

Im Inneren der Felsgruppe liegen eine große Hauptkammer A und eine durch einen engen Korridor mit dieser verbundene klei-

Abb. 18 Yazılıkaya. Plan des Felsheiligtums mit Eintragung der Nummern der Reliefs.

Abb. 19 Yazılıkaya. Fundamente markieren die Grundrisse der Vorbauten (vgl. Abb. 20).

Abb. 20 Yazılıkaya. Kammer A, Blick in die Tiefe des Adytons (Sakralraumes).

nere Kammer B, deren Kalksteinwände die Reliefs tragen, sowie zwei weitere kleine Klüfte, die sog. Kammern C und D (Abb. 18). Diese «Kammern» waren nie überdacht, sie bildeten ein offenes Naturheiligtum, das als solches wahrscheinlich mindestes bereits um die Mitte des 2. Jts. v. Chr. genutzt wurde. In diese Zeit haben die Ausgräber auch die frühesten Spuren von Bauwerken (sog. Anlage I) datiert, mit denen einst der sich heute zu dem südlich vorgelagerten Gelände weit öffnende Zugang zur Kammer A geschlossen war. Es waren dies zunächst Terrassen- und Temenosmauern, durch die weitere äußere Freiflächen an die Kammer A angebunden wurden. In der Kammer C sind jedoch die frühesten, bereits aus chalkolithischer Zeit stammenden Nutzungsspuren entdeckt worden. In der 2. Hälfte des 13. Jhs. v. Chr. wurde dann dort in mehreren Bauphasen, zusammenhängend mit dem endgültigen Ausbau des Felsheiligtums und dessen Ausstattung mit den Reliefs, eine Gebäudegruppe (sog. Anlagen II–IV) errichtet und mehrfach umgebaut, mit der die Felsanlage monumental abgeschlossen wurde (Abb. 18. 19). Kern dieser Gebäude war ein Tempelhof mit zugehörigen Räumen, dessen Adyton (Sakralraum) die Kammer A blieb. Nach einem Umbau entstand nordöstlich an dieses Bauwerk angrenzend und gegenüber diesem leicht verschwenkt ein weiterer Tempelhof mit Nebengelassen, dessen Drehung auffällig Bezug auf den zur Kammer B führenden Korridor nimmt (Abb. 18. 19). Darin scheint sich die Veränderung der Bedeutung der Kammer B nach dem Tode Tudḫalijas III. (frühere Bezeichnung «IV») zur Gedenkstätte oder sogar zum Mausoleum dieses Großkönigs widerzuspiegeln. Dem vom Tal heraufführenden Prozessionsweg wendete sich nun ein besonders massiver, zweigeschossiger Torbau entgegen, in dem auch der erhebliche Niveauunterschied vermittelt wurde (Abb. 18).

Die Reliefs der Kammer A

In den westlichen und östlichen Wandflächen der nach Norden hin immer enger werdenden Hauptkammer sind in dichter Folge angeordnete Reliefs erhalten, deren Gestalten auf das Hauptrelief an der Nordwand in der Tiefe des Adytons ausgerichtet sind (Abb. 20), links mit zwei Ausnahmen männliche, rechts weibliche. An einzelnen Stellen sind die Figurenreihen von natürlichen Klüften des Felsens unterbrochen, in denen wahrscheinlich einst Reliefblöcke die Lücken geschlossen haben, und am Ende des Zuges der weiblichen Gestalten läßt eine völlig abgewitterte Fläche ebenfalls die Annahme eines verlorenen Reliefs zu.

Die Götter in der linken, der westlichen Felswand

Die Reihe der männlichen Gottheiten beginnt – in Richtung auf die Hauptszene – mit einem geschlossenen Zug von zwölf ganz einheitlich dargestellten, durch Beischriften nicht benannten Göttern, deren Beine und Arme sich überschneiden (Abb. 21).

Abb. 21 Yazılıkaya. Kammer A, linke Wand. Zwölf Götter hinter einem Berggott, Nr. 1–13.

Abb. 22 Yazılıkaya. Kammer A, linke Wand. Der Berggott, Nr. 13.

Alle tragen den mit einem Horn besetzten Spitzhut der Götter, den kurzen Schurzrock und Schnabelschuhe, der rechte Arm ist angewinkelt, der linke zum Grußgestus erhoben. Vereinzelt sind schwache Spuren von erhobenen Sichelschwertern erkannt worden, die in der rechten Hand gehalten wurden. Angeführt werden die zwölf Götter von einer Götterfigur, die durch ihren mit Zacken besetzten, bodenlangen Rock als bärtiger Berggott ausgewiesen ist (Abb. 22). Ungesichert ist, ob sich an dessen Spitzhut einst ein vielleicht zerstörtes, vorderes Horn befunden hat. Vor dieser Götterreihe steht in der rechtwinklig vorspringenden Felsfläche eine mit hieroglyphen-luwischen Beischriften benannte Dreiergruppe (Abb. 23). Die beiden hinteren Gestalten sind Berggötter, als solche an den mit Kegeln und Zacken besetzten bodenlangen Röcken und Keilbärten erkennbar, während die vordere den zwölf Göttern entspricht. In der danach wieder in die Flucht umknickenden Fläche beginnen zwei stark verwitterte Berggötter eine Reihe von weiteren sieben Göttern (Abb. 24). Alle sind in Kleidung und Bewaffnung unterschiedlich ausgestattet, aber einheitlich mit Schnabelschuhen, kurzem Schurzrock und einem Horn an den Spitzhüten, in denen zum Teil noch die Stege der Innenzeichnung auszumachen sind. Bei der ersten, dritten und fünften Figur bedeckt ein bodenlanger Rockschoß das zurückgestellte rechte Bein. Hinter den Ellbögen zeichnet sich das aufgebogene Ende eines am Rücken herabfallenden Zopfes ab. Unter dieser Gruppe läuft eine bis 0,36 m breite Felsbank durch, die wohl hier wie unter weiteren Reliefs zur Niederlegung von Opfergaben gedient hat.

Nach einer tiefen Felskluft, die möglicherweise urprünglich durch Reliefblocks geschlossen war, zieht die hier in ganzer Höhe geglättete Felswand schräg in den Freiraum vor (Abb. 25). Dort trägt sie einen Fries von neun gut erhaltenen Reliefs über einer durchlaufenden, 0,40 m breiten Felsbank. Vor dieser Partie läßt eine unregelmäßig begrenzte ebene Fläche das ursprüngliche Niveau des Pflasterbodens der Kammer erkennen. Zunächst stehen vor einer der üblichen, hier nicht durch eine Beischrift benannten Göttergestalten zwei durch das Determinativ «Gott» und weitere Hieroglyphen bezeichnete, Sichelschwerter tragende Götter in der kanonischen Tracht; einer von ihnen mit langem Rockschoß. Dann folgt eine zentrale Gruppe von zwei wechselseitig halbfrontal dargestellten Mischwesen aus Mensch und Stier. Mit erhobenen Armen und menschlichen Händen das Zeichen für «Himmel» und tragen sie mit ihren Stierhufen stehen sie auf dem Zeichen für «Erde», das den unteren Bildrand, den Boden, auf dem die Gestalten regelmäßig stehen, sinnfällig unterschneidet (Abb. 26). Hinter dem Rücken sind die Enden von Zöpfen und zwischen den Beinen die der Schwänze noch auszumachen. Vier mit Hieroglyphen gekennzeichnete Götter schließen rechts an, drei tragen das Kriegergewand und Sichelschwerter, einer aber ist unbewaffnet und geflügelt und trägt eine halbrunde Kalottenkappe. Diese, sich dem offenen Raum der Kammer zuwendende Anlage könnte ein bei Kultfesten wichtiger Altarplatz gewesen sein. Darauf scheinen auch schwache Spuren undefinierter Zweckbestimmung in der Oberfläche des ursprünglichen Bodens vor dieser Felspartie hinzuweisen, die von den Ausgräbern als mögliche Standflächen von Feuerbecken angesehen wurden.[21]

Gleich nach der scharfen Kante, an der die Felswand wieder in die Flucht zurückbiegt, beginnt die letzte, aus sechs Reliefs be-

Abb. 23 Yazılıkaya. Kammer A, linke Wand. Zwei Berggötter hinter einem dritten Gott (Nr. 14–16).

Abb. 24
Yazılıkaya. Kammer A, linke Wand. Zwei Berggötter hinter sieben weiteren Göttern, vor der Wand eine Bank zur Niederlegung von Opfergaben (Nr. 16a–24).

Abb. 25
Yazılıkaya. Kammer A, linke Wand. Ein Altarplatz mit Reliefs von sieben unterschiedlich dargestellten, in hieroglyphen-luwischen Beischriften benannten Schutzgöttern, im Zentrum zwei Mischwesen aus Mensch und Stier (Nr. 25–33).

stehende Gruppe dieser linken Wand der Kammer A mit einem recht gut erhaltenen Bild, das zu unterschiedlichen Deutungen Anlaß gegeben hat (Abb. 27). Eine geflügelte Sonnenscheibe steht über der Rundkappe einer mit langem, hinten abgeschleppten Gewand gekleideten Gestalt. Die aus einer Schlaufe des Gewandes herausgreifende Hand des angewinkelten rechten Armes hält das am Ende eingerollte Kalmus, das auch als Attribut der Königswürde begegnet, und zwischen den doppelten Gewandsäumen treten die Schnabelschuhe der Füße hervor. Über der Hand des ausgestreckten linken Armes steht eine Beischrift aus drei übereinander angeordneten Zeichen:[22]

Gottesdeterminativ (DEUS)
Wortzeichen «Sonnengott» (SOL)
Wortzeichen «Himmel» (CAELUM).

Diese werden als «Sonnengott des Himmels» gelesen. In dem hier abgebildeten Ornat des Sonnengottes sind aber auch hethitische Könige dargestellt, so beispielsweise Muwattalli II. im Felsrelief von Sirkeli 1 oder Tudḫalija III. in dem gegenüberlie-

Abb. 26 Yazılıkaya. Kammer A, linke Wand. Die Mischwesen der zentralen Gruppe (vgl. Abb. 25) tragen in ihren menschlichen Händen das Wortzeichen für «Himmel» und stehen mit Stierhufen auf dem Zeichen für «Erde» (Nr. 28, 29).

Abb. 27 Yazılıkaya. Kammer A, linke Wand. Der Sonnengott des Himmels und der geflügelte Mondgott (Nr. 34, 35).

genden Relief auf der rechten Wand der Kammer A und in der Kammer B, doch besteht hier kein Zweifel an der Gottesgestalt.

Vor dem Sonnengott schreitet der geflügelte Mondgott nach rechts, benannt durch das Determinantiv DEUS und das Wortzeichen LUNA und vor diesem drei weibliche Gestalten im Zuge der sonst männlichen Götter. Bei diesen handelt es sich um die beiden Dienerinnen der vor ihnen abgebildeten Göttin Sauska, deren nur teilweise erhaltene Beischriften als Ninatta und Kulitta gelesen werden (Abb. 28).[23] Die Ebene der Reliefläche liegt wesentlich tiefer als die der benachbarten Reliefs, so daß angenommen wird, daß die beiden weiblichen Figuren anstelle von zerstörten älteren ausgeführt wurden, die in der vorderen Relief-

Abb. 28 Yazılıkaya. Kammer A, linke Wand. Sauska, die der mesopotamischen Göttin der Liebe und des Krieges Ištar entspicht, ist als einzige weibliche Gottheit in der Reihung der männlichen Götter dargestellt, gefolgt von ihren Dienerinnen (Nr. 36 – 38).

Abb. 29 Yazılıkaya. Kammer A, linke Wand. Die geflügelte Sauska, vor ihr der Gott Ija (Nr. 38, 39).

ebene gelegen hatten. Gut erhalten ist das Relief der dann folgenden Göttin Sauska, die identisch ist mit der mesopotamischen Ištar, der Göttin der Liebe und des Krieges (Abb. 29). Hier ist sie im Kriegergewand und dem mit einem Horn besetzten Spitzhut der männlichen Götter sowie mit Schnabelschuhen abgebildet, aber auch mit dem in langer Schleppe auslaufenden Gewand der weiblichen Gottheiten sowie mit den Flügeln der Ištar. Von ihrem linken Unterarm fällt eine schmale, auch in anderen Reliefs zu beobachtende Leiste bis auf die Schuhspitze hinab, stets dann, wenn die Figur mit langem Gewand oder mit hinten lang herabfallendem Rockschoß abgebildet ist. Sie wird als der vordere Saum eines hinter dem Körper verdeckten Gewandes gedeutet.

Abb. 30 Yazılıkaya. Kammer A, Blick ins Adyton.

Abb. 31 Yazılıkaya. Kammer A, rechte Wand. Der Beginn der auf das große Hauptrelief gerichteten Reihe der Göttinnen mit teilweise nicht mehr sichtbaren Beischriften (Nr. 56–62).

An der Identität der Sauska läßt die vor ihrem Kopf ausgeführte Beischrift keinen Zweifel zu.[24]

Vor der Göttin Sauska ist als letzte in der hier gewählten Folge der Beschreibung, somit als vorderste Gestalt am Beginn der Reihe der männlichen Gottheiten unmittelbar vor dem Hauptbild am Ende der Kammer A ein Gott im Kriegergewande mit langem Rockschoß dargestellt. Er ist mit einer Keule bewaffnet und durch Schriftzeichen benannt. Es handelt sich um den Gott «Ija» (Abb. 29), die luwische Namensadaption des babylonischen Gottes der Weisheit «Ea». Eigentlich gehören auch die ersten beiden Gestalten links im Hauptrelief noch zu der auf die zentrale Begegnung der Gottheiten ausgerichteten Reihe der männlichen Götter (vgl. Abb. 34). Nach einem ersten Blick zum Hauptrelief an der Nordwand in der Tiefe des Adytons (Abb. 30) sollen nun zunächst die Reliefs der rechten, der östlichen Wand der Kammer A, betrachtet werden.

Abb. 32 Yazılıkaya. Kammer A, rechte Wand. Gut erhaltenes Relief einer einzelnen Göttin in einem Felsversprung (Nr. 58).

Die Göttinnen in der rechten, östlichen Felswand

Die Reihe der weiblichen Gottheiten, die sich ebenfalls in die Tiefe des Adytons wendet, unterscheidet sich von der gegenüberliegenden der Götter (Abb. 31). Ihre Reliefs sind weniger gut erhalten als die der männlichen Götter. Die Gestalten sind eher stereotyp mit nur geringen Unterschieden ausgeführt, in unregelmäßiger Höhenlage und nur teilweise in der Ordnung eines Frieses gereiht. Die nach links gerichteten Göttinnen sind – anders als die männlichen Götter – nicht wechselseitig, sondern in ganzer Seitenansicht dargestellt und weisen eine einheitliche Haltung auf. Der rechte Arm ist im Grußgestus ausgestreckt und gleicht damit dem Wortzeichen ADORARE, das für das Verbum «Referenz erweisen» steht. Die Hand des linken, angewinkelten Armes ist geöffnet, mit abgespreiztem Daumen vor den Mund gehoben und gleicht so dem Wortzeichen EGO «ich». Einheitlich sind auch die zylindrischen, oben zinnenartig begrenzten Kopfbedeckungen, die am Rücken herunter geführten Zöpfe, die gegürteten, hinten in Schleppen auslaufenden Faltenröcke und die vom ausgestreckten Arm bis zu den Schnabelschuhen herabfallenden Säume eines Schals oder Überwurfes (nach Bittel). Vereinzelt sind noch Details der Gesichter erhalten, und vor den Köpfen von 10 der 17 Göttinnen stehen Hieroglyphenbeischriften mit Gottesdeterminativ und Namenszeichen, die mit zumeist unterschiedlichem Ergebnis gelesen und gedeutet worden sind.

Links von dem weiter unten beschriebenen Relief des Großkönigs ist zunächst eine Lücke vorhanden, in der vielleicht zwei heute verlorene Reliefs gestanden haben können.[25] Danach beginnt die Reihe mit einer Gruppe aus drei Figuren (die rechte nur in schwachen Spuren erhalten), sodann folgen beiderseits eines Felsversprunges je zwei Gestalten und in der Seitenfläche des Versprunges eine fünfte (Abb. 32). Dann unterbricht eine tiefe Felsspalte den Zug, der sich erst dahinter mit einer Gruppe von sieben weiteren Göttinnen fortsetzt. Diese sind – anders als die übrigen – in einem klar begrenzten Bildfeld über einer waagerecht ausgebildeten Unterkante angeordnet (Abb. 33). Auf der anschließenden, zurückweichenden und dadurch dem Hauptre-

Abb. 33 Yazılıkaya. Kammer A, rechte Wand. Sieben Göttinnen, in z. T. kaum noch sichtbaren Beischriften benannt (Nr. 49–55).

lief gegenüberliegenden Felsfläche befinden sich noch die Reste der Reliefs zweier weiblicher Gottheiten und ganz links oben die Hieroglyphenbeischrift einer zerstörten dritten Figur.

Die Begegnung der Gottheiten im Hauptrelief

Am Nordende des sich immer mehr verengenden Raumes zwischen den Felswänden wird das Adyton durch eine hohe, quer stehende Felswand abgeschlossen, die das etwa 7 m lange und 2,60 m hohe Hauptrelief der Kammer A trägt (Abb. 34). Noch zu den auf der linken Wand der Kammer A dargestellten männlichen Gottheiten gehören zwei im Hauptrelief ganz links auf abgestumpften Bergkegeln stehende Götter. Beide tragen den kurzen Schurzrock, aber mit dem langen über das rechte Bein fallenden Rockschoß. Dieser ist hinter dem Körper bis zu dem vom linken Ellbogen abwärts fallenden Gewandsaum zu denken. Schnabelschuhe und Spitzhüte, an denen keine Hörner (mehr?) zu erkennen sind, tragen sie ebenfalls. Ungewöhnlich ist ein kaum noch wahrzunehmender kleiner Stier auf der Hutspitze des rechten Gottes. Beide Gestalten tragen links Schwerter, die linke Figur ist sonst unbewaffnet, die rechte hält mit dem vorgestreckten linken Arm den langen Schaft einer Lanze (oder einen Stab) und in der Hand des rechten, angewinkelten Armes eine lange, auf der Schulter getragene Keule. Obwohl nur die rechte Figur durch das Gotteszeichen als Gott bezeichnet ist, weisen alle anderen Details der Darstellung auch die linke als Gott aus, wahrscheinlich ist es der Getreidegott Kumarbi.[26]

Im Zentrum des Reliefs begegnen sich die Hauptgottheiten des hethitischen Reichspantheons, der nach rechts gewandte Wettergott und die Sonnengöttin, beide gekennzeichnet durch die über den Händen ihrer vorgestreckten Arme abgebildeten Beischriften (Abb. 35). Der Name des Wettergottes ist nur durch ein Wortzeichen wiedergegeben (^{DEUS}TONITRUS), das hier Tissuba zu lesen ist und die luwische Adaption des ḫurritischen Götternamens Tessub darstellt (Abb. 36). Die Sonnengöttin führt den Namen Ḫabadu (^{DEUS}*Ḫa-pa-tu*), die luwische Form des ḫurritischen Götternamens Ḫebat, der in anderen Inschriften auch als

Abb. 34 Yazılıkaya. Kammer A, Hauptrelief. Gesamtansicht (Nr. 40-46).

Abb. 35 Yazılıkaya. Kammer A, Hauptrelief. Die Begegnung der Götter in der zentralen Szene, von links der Wettergott, hier mit dem Namen Tissuba ḫurritischer Herkunft («Tessub») an der Spitze der männlichen Götter, von rechts führt die Sonnengöttin, die ebenfalls einen Namen ḫurritischer Herkunft trägt, Ḫabadu («Ḫebat»), die weiblichen Gottheiten an, dahinter als einziger männlicher Gott Sarrumma, beider Sohn, und zwei Göttinnen (Nr. 42–46).

Ḫibadu erscheint, so in der abgekürzten Form ^{DEUS}*Ḫi* im Felsrelief von Fıraktın (s. Kap. S. 59 ff.), da das fremde ḫurritische *e* im Luwischen, das selbst keinen Vokal *e* hat, sowohl durch *a* wie auch durch *i* wiedergegeben werden kann (Abb. 37).[27]

Die stark beschädigte Figur des Wettergottes zeigt das kaum noch erkennbare Kriegergewand, Knauf und Scheidenspitze des links getragenen Schwertes, eine mit dem angewinkelten rechten Arm gehaltene, hoch erhobene Keule und das aufgebogene Ende des Zopfes hinter dem rechten Ellbogen. Von den ehemals ausführlichen Details des Spitzhutes nimmt man noch einige der früher je sechs an Vorder- und Hinterkante vorstehenden Hörner wahr (Abb. 36). Die Oberschenkel des Gottes verdecken teilweise ein gehörntes, nach rechts springendes Stierkalb, das einen Spitzhut trägt. Von den vor dessen Kopf übereinander angebrachten Zeichen sind die beiden oberen, das Gottesdeterminativ und ein Stierkopf, gut zu erkennen; darunter folgen die syllabischen Zei-

Abb. 36 Yazılıkaya. Kammer A, Hauptrelief. Tissuba, auf Berggöttern stehend (Nr. 42).

Abb. 37 Yazılıkaya. Kammer A, Hauptrelief. Ḫabadu und Sarrumma auf Leoparden stehend, die über Bergkegel schreiten (Nr. 43).

chen *ti-su-pi-ḫ[u]-pi-ti*, das ist der hurritische Ausdruck *Tessubbi ḫubidi* «Stierkalb des Tessub» in luwischer Lautform. Der Wettergott steht auf den Nacken zweier nach vorn gebeugter Gestalten, deren Spitzhüte noch die Stege der Innenzeichnung und ein Horn erkennen lassen. Sie zeigen die kanonischen Merkmale der Berggötter: Keilbärte, lange unten eingerollte Zöpfe, die mit seitlichen Zacken besetzten, bodenlangen Röcke; beide haben die angewinkelten Arme vor das Gesicht erhoben.

Von rechts wendet sich die Sonnengöttin dem Wettergott entgegen (Abb. 37). Sie hält die Arme und die Hände genau wie die übrigen weiblichen Gottheiten, und wie diese trägt sie die oben in «Zinnen» auslaufende, zylindrische Haube, ein glattes, die Arme verdeckendes Obergewand, den langen Faltenrock mit Schleppe und Schnabelschuhe. Vom Haupthaar fällt über den Rücken ein langer Zopf, der hier deutlich unter den Gürtel gesteckt ist. Über der Hand des vorgestreckten rechten Armes stehen ihre Namenszeichen (s. o.), und hinter ihr – halb von ihr verdeckt – springt ein nach links gerichtetes Stierkalb dem des Wettergottes entgegen. Von den zu diesem gehörenden Zeichen vor seinem Kopf sind nur noch schwache Spuren erkennbar. Die Göttin steht auf dem Rücken eines Feliden, der mit hoch erhobenem Kopf im Paßgang über vier abgeflachte Bergkegel schreitet. Nach den Texten ist die Sonnengöttin mit dem Leoparden verbunden.

Der Göttin folgt Sarrumma, der Sohn von Sonnengöttin und Wettergott, benannt durch seine Beischrift, das Gottesdeterminativ und sein darunter stehendes Namenszeichen, ein halber menschlicher Körper mit zwei an dessen beiden Hüften angesetzten Strichen (Abb. 37). Diese hier besonders gut erhaltene Beischrift tritt in mehreren Felsreliefs auf, so z. B. in der Kammer B und im Relief von Hanyeri (s. Kap. S. 27 ff., 76 ff.), aber auch in Siegelabdrücken. Sarrumma ist der einzige männliche Gott des mit seiner Mutter Ḫabadu beginnenden Zuges der weiblichen Gottheiten. Der Gott trägt den mit sechs vorderen Hörnern besetzten, mit Längsstegen gestalteten Spitzhut, den kurzen Schurzrock der Krieger und Schnabelschuhe. Hinter dem Ellbogen des angewinkelten linken Armes erscheint die gebogene Spitze eines langen Zopfes. Rechts trägt der nach links gewandte Gott das Schwert, dessen Halbmondknauf und Scheidenspitze vor bzw. hinter dem Körper heraustreten. In der linken Hand hält er eine langstielige Doppelaxt, in der rechten eine Leine, die zum Hals des Feliden führt, auf dem Sarrumma steht. Auch dieses Tier schreitet über abgestumpfte Bergkegel, wie das größer dargestellte seiner Mutter Ḫabadu.

Daß die beiden danach folgenden Göttinnen, die das Bildfeld ganz rechts beschließen, zusammengehören, lassen nicht nur die vollkommen einheitlichen Details der üblichen Bekleidung weiblicher Gottheiten und der gleiche Gestus vermuten. Auch der unter ihnen dargestellte, beide verbindende Doppeladler, über dessen Flügelenden die Füße der beiden Gestalten schweben, spricht dafür (Abb. 35). Den gleichen Doppeladler sieht man auf der Innenseite des rechten Torpfeilers von Alaca Höyük (vgl. Abb. 9). Die Beischriften weisen die beiden Göttinnen namentlich als Allanzu – hier in der typisch hieroglyphen-luwischen Lautform Lanzu (^{DEUS}*La-zu*) – sowie wahrscheinlich als *Kunzisalli* aus. Es handelt sich um die Tochter bzw. Enkelin der beiden Hauptgötter. Die Beschreibung der Bildwerke der Kammer A soll mit den Worten K. Bittels beendet werden:

«Es besteht kein Anlaß, daran zu zweifeln, daß die Reihe der männlichen und die der weiblichen Gottheiten in der Kammer A in einem Zuge, d. h. einheitlich geschaffen wurden, denn beide sind in sich so geschlossen, daß einzelne Figuren oder Gruppen nicht willkürlich herausgelöst werden können. [...] Die Trennung in Götter und Göttinnen an den sich ungefähr gegenüber liegenden Felswänden, die Steigerung und Betonung der obersten Gottheiten durch überragendes Ausmaß und Stehen auf Löwen, Bergen und Doppeladler und die auf diese Weise bewirkte rangmäßige Distanzierung von solchen Gottheiten in ihrem Gefolge, die nicht auf Tieren stehend wiedergegeben sind, [...] all das lag sicher im Willen und in der Absicht des Auftraggebers, der einen entsprechenden Entwurf zu fertigen hieß und ihn nach Einsicht in die Vorzeichnungen billigte. Beim Entwurf ist man zweifellos von der rückwärtigen Felswand mit den Bildern der obersten Gottheiten in jenem Teil der Kammer A ausgegangen, der sich von Natur aus zu einer schmalen Cella verengt [...] Ob den Schöpfern der Bildwerke in der Kammer A eine Götterprozession vorschwebte, wie die Reliefreihen oft genannt worden sind, läßt sich nicht entscheiden.»[28]

Abb. 38 Yazılıkaya. Kammer A, rechte Wand. Das Relief des Großkönigs Tudḫalija III. (Nr. 64), das auf der Seite der weiblichen Gottheiten, aber deutlich davon abgesetzt, steht und tatsächlich dem Hauptrelief (Nr. 42–46) gegenübergestellt ist.

Das große Königsrelief in der rechten, östlichen Felswand

Auf der östlichen Felswand trägt die Nordseite des weit vorspringenden Felsens, der die Kammer A von der benachbarten Kammer D trennt, das sehr gut erhaltene Relief des überlebensgroß dargestellten Großkönigs Tutḫalija III., benannt durch seine über der Hand des rechten, ausgestreckten Armes abgebildete

Abb. 39 Yazılıkaya. Vorhof, geflügelter rechter Dämon am Korridor zur Kammer B (Nr. 68).

Abb. 40 Yazılıkaya. Vorhof, geflügelter linker Dämon (Nr. 67).

Aedicula (Abb. 38). Diese ist besonders detailliert ausgearbeitet, sie tritt im hethitischen Kerngebiet in Reliefbeischriften und mehreren Hieroglypheninschriften auf und soll deshalb hier näher beschrieben werden. Über den Hieroglyphen, die den Namen und die Titel des Großkönigs nennen, schwebt die geflügelte Sonnenscheibe mit achtstrahligem Stern und der darunter dicht an sie angefügten Mondsichel, darüber eine zweite Rosette mit einem sechs- oder siebenstrahligen Stern. Zwar wechseln Einzelheiten der inneren Darstellung im Bereich der Rosetten, die geflügelte Sonnenscheibe wird jedoch von allen hethitischen Großkönigen geführt. Sie bildet das Wortzeichen SOL_2, das für «Majestät» steht. Die beiden äußeren Zeichen der axialsymmetrisch gestalteten Aedicula stellen die Wortzeichen MAGNUS (Volute) und REX (spitzes Dreieck) dar und bedeuten «Großkönig». Jeweils nach innen folgt die Zeichenligatur IUDEX+*la*. Sie steht für den Ehrentitel *labarna*, der wörtlich «der mit Tüchtigkeit Versehene» bedeutet. Nach den hethitischen Texten wurde allerdings in der Großreichszeit anstelle des hethitischen Wortes *labarna* das verwandte und in der Bedeutung entsprechende luwische Wort *tabarna* bevorzugt.[29]

Über diesem steht ein nach links gerichteter Berggott im kanonischen, langen mit Kegeln und am Rande mit Zacken besetzten Rock, mit Keilbart und spitzem Hut, der vorn ein Horn aufweist. Sinnfällig wird hier dargestellt, daß der Name des Königs auch der eines vergöttlichten Berges war, der jedoch noch nicht identifiziert werden konnte. Anstelle der Abbildung des Berggottes – er steht für das Wortzeichen bzw. Determinativ $MONS_2$ – wurde für den vergöttlichten Berg in anderen Aediculae dieses Großkönigs, so zum Beispiel in Kammer B, das Wortzeichen MONS, eine Ligatur aus den Zeichen «Berg» und «Gott», über dem Silbenzeichen *Tu*, das den Namen in abgekürzter Form nennt, eingesetzt. Insgesamt bedeutet also die Inschrift der Aedicula:

«Die Majestät, *labarna*/*tabarna* Tu(dḫalija), Großkönig»

Im Bild des 2,20 m groß abgebildeten Königs entsprechen die Haltung, das Gewand und das am unteren Ende eingerollte Kalmus dem Ornat des Sonnengottes des Himmels auf der gegenüberliegenden Westwand der Kammer (vgl. Abb. 27). Auch der Großkönig Muwattalli II. im Felsrelief Sirkeli 1 trägt diesen Ornat (vgl. Abb. 175. 176), der ebenso in Siegelabdrücken als Königstracht belegt ist. Der König, dessen Gesichtspartie ein klares Profil, ausdrucksvolle Augen und ein großes Ohr aufweist, trägt die für den Sonnengott kanonische, halbrunde, mit zwei unteren Zierwülsten ausgebildete Kalottenkappe. Er steht auf zwei Bergen, deren Ansichtsflächen – wie die Röcke der Berggötter – mit kegelförmigen Strukturen, die bisweilen auch weniger zutreffend «Schuppen» genannt wurden, als solche gekennzeichnet sind. Überaus zahlreich sind die besser als bei den meisten Felsreliefs erhaltenen, genau ausgeführten Details, deren längeres Betrachten zu empfehlen ist. Das Relief des Großkönigs steht dem Hauptrelief in der Stirnwand der Kammer A frontal gegenüber. Zu dieser Anordnung, die an ein «Stifterrelief» (Kohlmeyer) denken läßt, und zu der Frage der Gleichzeitigkeit der Ausführung der Reliefs sei wiederum K. Bittel zitiert:

«Es [das Felsrelief] gehört nicht zu den beiden Götterzügen, sondern steht an einer Felswand für sich. Aber der König folgt mit seiner Blickrichtung der weiblichen Götterreihe, war ihr vielleicht sogar unmittelbar angeschlossen [...]. Die Möglichkeit, daß dieses Felsbild nicht sogleich mit dem Götterzug geschaffen worden ist, sondern erst den Abschluß der Ausgestaltung der Kammer A markiert, läßt sich nicht ganz ausschließen. Es wäre etwa denkbar, daß ein von Ḫattusili III. [II.] begonnenes Werk von seinem Sohne Tudḫalija abgeschlossen worden ist, ohne Nennung des Vaters, dessen illegale Thronbesteigung der Sohn ausdrücklich als Vergehen ansah. Aber die Hinweise, die dafür sprechen, daß Tudḫalija IV. [III.] selbst der Stifter gewesen ist, scheinen mir doch gewichtiger zu sein».[30]

Als der wichtigste dieser Hinweise auf Tudḫalija III. ist die von seinem Vater Ḫattusili und dessen Gattin Puduḫeba betriebene und von Tudḫalija fortgesetzte Übernahme ḫurritischer Kulte in das Großreich anzusehen, die sich in Yazılıkaya abzeichnen.

Die Reliefs am Vorhof

Am Vorhof ist auf der Nase des Felsens, der die Kammer A von der südostwärts benachbarten Kammer D trennt, ein etwa 1 x 1,25 m großes, sehr schlecht erhaltenes Relief ausgearbeitet, das noch schwach die Umrisse zweier sich beiderseits eines Tisches gegenübersitzende Gestalten erkennen läßt, deren vor ihren Köpfen stehende Beischriften mit dem Gotteszeichen beginnen. Zwar weist der Spitzhut der linken Figur diese als männlich und der zylindrische der rechten jene als weiblich aus, auch sind die erhaltenen Zeichen der Beischriften gelesen, doch ist die Identität der Götter ungeklärt. Ebenso ist nicht mehr festzustellen, ob der Tisch nicht auch einen Altar darstellen könnte, so daß es sich bei dieser Szene entweder um ein kultisches Mahl oder um eine Opferhandlung gehandelt haben kann. Es liegt nahe anzunehmen, daß eine Beziehung zwischen diesem Relief und dem sich daneben öffnenden Felsspalt D bestand, der einst durch eine in den Vorraum ausgreifende Mauer als ein eigener Bereich abgeschlossen war und in dem Funde auf vielleicht schon in der frühen Bronzezeit praktizierte rituelle Handlungen hinwiesen.[31] Beiderseits der Mündung des engen Korridors, der vom Vorhof zur Kammer B führt, bewachen auf den Felsen zwei Mischwesen, geflügelte Löwenmenschen, den Zugang (Abb. 39. 40). Ihre erhobenen, mit Krallen besetzten Pranken zeigen den apotropäischen, unheilabwehrenden Charakter dieser Reliefs. In der Oberseite eines im Freiraum des Vorhofes stehenden, auf den Eingang zur Kammer B ausgerichteten Blockes ist eine 23 cm tiefe Schalengrube von etwa 30 cm Durchmesser eingetieft, die vielleicht zu Libationshandlungen gedient haben mag.

Die Reliefs der Kammer B

Die Felswände beider Seiten dieser engen, langen Kammer tragen Reliefs, die – anders als die der Kammer A – keinen zusammenhängenden Zyklus bilden. Gemeinsam ist diesen Reliefgestalten jedoch die Blickrichtung nach Norden auf die Stirnwand

Abb. 41 Yazılıkaya. Kammer B, Statuensockel.

Abb. 42 Yazılıkaya. Kammer B, Zwölfgötter-Relief (Nr. 69–80).

am breiteren Ende der Kammer, vor der – im Kultzentrum der Kammer – vermutlich eine Statue aufgestellt war, deren 1,40 m breiter Sockel erhalten blieb (Abb. 41). Rechts neben diesem öffnet sich der Zugang zur kleinen Kammer C, die wahrscheinlich ebenfalls kultischen Zwecken gedient hat.[32] Auf der rechten, der westlichen Wand befindet sich ein 2,85 m langes, 0,82 m hohes Relief, auf dem sich zwölf sehr einheitlich dargestellte, gut erhaltene Götterfiguren nach rechts wenden (Abb. 42). Alle tragen Spitzhüte mit fünf Stegen und unterem Randwulst, der sich in einem aufgebogenen Horn fortsetzt, sowie einen Ohrring an den großen Ohren. Sie halten in der Hand des rechten, angewinkelten Armes ein auf der Schulter liegendes Sichelschwert, während der linke Arm zum Grußgestus erhoben ist. Einheitlich sind die kurzen Schurzröcke und die Schnabelschuhe. Die Beine und die Arme der eng zusammengerückten, nach rechts schreitenden Götter überschneiden sich. Das Relief weist keine Beischriften auf. Unverkennbar ist die Ähnlichkeit mit den zwölf Göttern des ersten, südlichen Reliefs der Westwand der Kammer A. Es wird nicht ausgeschlossen, daß sich rechts von diesem Relief in der Kammer B einst heute verlorene Bildwerke befanden, die auf einem anschließenden, abgewinkelten Mauersockel gestanden haben.[33] In der sich links an das Zwölfgötterrelief anschließenden Felsfläche liegen zwei Nischen und eine weitere in der gegenüberliegenden Ostwand (Abb. 43). Bei ähnlichen Tiefen von 0,66 – 0,76 m und Innenhöhen von 0,58 – 0,64 m ist trotz unterschiedlicher Längenmaße eine gleiche Zweckbestimmung dieser Nischen in Verbindung mit dem Totenkult anzunehmen. Eine Verwendung der Nischen als Ossuarien kann zwar nicht ausgeschlossen werden, Fundbelege hierfür fehlen jedoch.[34]

Abb. 43 Yazılıkaya. Kammer B, Nischen in der Wand, Ossuarien?

Abb. 44 Yazılıkaya. Kammer B, im Hauptrelief dieser Kammer wird der Großkönig Tudḫalija von seinem Schutzgott Sarrumma umarmt, den das Namenszeichen über der ausgestreckten Hand identifiziert (Nr. 81).

Gegenüber liegt in der Ostwand der Kammer das große Hauptrelief dieses Raumes, das «Umarmungsrelief» (Abb. 44). Die 1,64 m große Gestalt eines Gottes im Gewand des Kriegers umfaßt mit ihrer linken Hand das Handgelenk des erhobenen rechten Armes eines vor ihm stehenden, nur 1,07 m großen Königs. Die reiche Innenzeichnung des hohen Spitzhutes des Gottes zeigt sechs vordere und undeutlich auch hintere Hörner, einen senkrechten Steg mit sechs aufgereihten Ovalen, die an das Gotteszeichen erinnern, und zwei äußere Stege sowie drei untere Wülste. Das Gesicht ist schlecht erhalten. Vom nackenlangen Haupthaar fällt am Rücken ein langer Zopf herab, dessen aufgebogenes Ende hinter dem Ellbogen erscheint. Hinter seiner Hüfte steht der halbmondförmige Knauf des rechts getragenen Schwertes heraus, und unter dem geschwungenen Saum des Schurzrockes tritt das vorgestellte Bein hervor. Über der Hand des vorgestreckten rechten Armes steht der Name des Gottes Sarrumma. (^{DEUS}SARMA), des Schutzgottes des Großkönigs Tudḫalija III. Der König, bekleidet mit Rundkappe, langem, hinten abgeschleppten Gewand und Schnabelschuhen, hält in seiner aus der Gewandschlaufe herausgreifenden linken Hand das am unteren Ende eingerollte Kalmus. Deutlich sind der vom rechten Ellbogen herabfallende Randsaum der hinter dem Körper zu denkenden rechten Seite des Gewandes und davor der Knauf des Schwertes zu sehen. Die Aedicula des Königs steht oberhalb seines Kopfes in der rechten obere Ecke des Reliefs (Abb. 45). Deren Einzelheiten entsprechen weitgehend denen der im großen Relief des gleichen Königs in der Kammer A (vgl. Abb. 38). Jedoch steht über der geflügelten Sonnenscheibe hier keine zweite Rosette, und statt des dort im Zentrum figürlich abgebildeten, den Königsnamen bezeichnenden Berggottes ist hier dessen Stilisierung durch das gleichbedeutende Zeichen MONS gewählt worden, der Ligatur aus den Zeichen für «Gott» und «Berg». Rechts neben der Aedicula steht getrennt noch das bei Nennungen von Großkönigen häufig verwendete Zeichen HEROS «Held». Auch Sarrumma und Tudḫalija blicken nach links in die Richtung des dort vermuteten Kultplatzes.

Es folgt links danach ein 3,38 m hohes Relief, dessen rätselhafte, mit den übrigen Felsreliefs nicht vergleichbaren Einzelheiten zu der Deutung geführt haben, daß es sich um eine Symbolisierung eines Schwertgottes oder Unterweltgottes handelt (Abb. 46).[35] Das Relief ist nicht durch eine Beischrift ergänzt. Ein menschlicher Kopf, dessen Gesicht stark zerstört (ausgehackt?) ist, trägt den hohen Spitzhut der Götter. Dieser zeigt noch Spuren von verwitterten Einzelheiten, die aus Stegen, Ovalen und einem großen Horn an der Vorderseite sowie zwei unteren Randwülsten bestanden. Letztere werden von dem großen Ohr, das ein Ring ziert, überschnitten. Das sind aber schon sämtliche Details des Reliefs, die der gewohnten Darstellung von Göttern in Menschengestalt entsprechen. Bereits anstelle der Schulterpartie sind zwei auswärts gerichtete, symmetrisch angeordnete Löwenprotome mit leicht angehobenen Pranken und aufgesperrtem Rachen ausgebildet, und darunter hängen (?) außen ebenfalls symmetrisch zwei vollständige, sonst gleichartig detaillierte, kraftvoll und keinesfalls hängend gestaltete Löwen mit gespreizten Hinterläufen und am Ende eingerollten Schwänzen, die auf ihren gegeneinander gelegten Vorderläufen kauern. Nach unten wird das Relief durch eine konisch zulaufende Struktur beendet, die als eine im Boden steckende Schwertklinge gedeutet wird.

Abb. 45 Yazılıkaya. Kammer B. Die Aedicula des Königs nennt im Zentrum seinen Namen, der in abgekürzter Form geschrieben ist und aus der Ligatur der Zeichen «Gott» und «Berg» (MONS) *sowie aus dem Silbenzeichen «Tu» besteht (vgl. die besonders gut erhaltene Aedicula von Karakuyu, Abb. 92). Die Aedicula des großen Reliefs in Kammer A (Abb. 38) bietet anstelle der Ligatur die Gestalt eines Berggottes* ($MONS_2$). *Der Name wird – von innen nach außen – flankiert durch den Ehrentitel «labarna»* (IUDEX+*la*) *und durch den Titel «Großkönig»* (MAGNUS REX). *Die geflügelte Sonne* (SOL_2) *steht für «Majestät».*

Abb. 46 Yazılıkaya. Kammer B, zahlreiche rätselhafte Details, aber keine erläuternde Beischrift weist das Relief mit der Symbolisierung des Schwertgottes oder Unterweltgottes auf (Nr. 82).

Abb. 47 Yazılıkaya. Kammer B, die Aedicula des Großkönigs Tudḫalija (III.). Auch hier erscheint in der Schreibung des Königsnamens (MONS2 + Tu) ein Berggott, der dieses Mal mit erhobener Keule zwischen den stark überlängten Zeichen seiner Titel steht (Nr. 83), (vgl. Abb. 45. 92).

In der geglätteten Felsfläche, die an das Relief des Schwertgottes links anschließt, scheint eine abgearbeitete Fläche auf ein weiteres, beabsichtigt gewesenes Bildfeld hinzudeuten, und die danach folgende tiefe Felsspalte war durch einen Steinsockel geschlossen, der vielleicht auch Reliefblöcke trug.[36] Die Felsnase zwischen dieser Spalte und dem Zugang zur Kammer C trägt die gut erhaltene Aedicula des Großkönigs Tudḫalija III., die sich hier im Kultzentrum der Kammer neben der Basis befindet, auf der vermutlich die Statue des Königs stand (Abb. 41).[37] Die geflügelte Sonnenscheibe und die Aedicula entsprechen weitgehend denen im Relief der Umarmungsszene und in dem des Tudḫalija in der Kammer A (s. o.), jedoch sind die Zeichen REX und IUDEX hier sehr schlank und überlängt abgebildet (Abb. 47). Der Grund dafür mag in dem Platzbedarf für den im Zentrum stehenden, sich nach rechts den Gestalten aller anderen Reliefs entgegen wendenden Berggott liegen, der nicht nur, wie im großen Relief der Kammer A den Arm erhoben hat, sondern mit diesem auch noch eine Keule erhebt, die er jedoch nicht, wie üblich, am Ende faßt, sondern in der Mitte des Schaftes hält. Auch darin scheint sich das Problem des Platzbedarfes widerzuspiegeln. Ohne die überlang ausgeführten Hieroglyphen und bei hoch geschwungener Keule wäre der vergöttlichte Berg, der zusammen mit dem darunter liegenden Silbenzeichen *Tu* den Namen des Königs als wichtigsten Teil der Aedicula angibt, zu klein geraten.

Von W. Orthmann stammt ein Beitrag, in dem die hethitischen Umarmungsszenen mit derartigen Szenen in ägyptischen Bildwerken verglichen werden[38], und P. Neve verfaßte eine detaillierte Kritik der unterschiedlichen, von verschiedenen Verfassern vorgetragenen Auslegungen zu den archäologischen Befunden, zu der Funktion und zu den Reliefs der Kammer B.[39]

Zur Funktion des Felsheiligtums

Weil der alte, hethitische Name von Yazılıkaya nicht bekannt ist, konnten bisher die zahlreichen Texte zu Kultfeiern auch keine Kenntnis über den Zweck, dem das Felsheiligtum diente, vermitteln. Gegenüber anderen Deutungen, die Beschwörungs- und Reinigungsrituale in Betracht zogen, gaben die Ausgräber unter K. Bittel – gestützt auf H. Otten – einer Deutung (wohl nur der Kammer A?) als Ort des Festes für den Wettergott zum Jahresanfang den Vorzug.[40] Die Interpretation der Kammer B als Ort für den Totenkult, der bei den Hethitern eine wichtige Bedeutung aufwies, liegt nahe, jedoch ist die Verwendung als königliches Mausoleum mit guten Gründen in Frage zu stellen. Gestützt auf W. Schirmer weist Kohlmeyer dazu besonders auf die leichte Zugänglichkeit der nicht sicher verschließbaren, miteinander und mit dem rückwärtigen Gelände offen verbundenen Kammern B und C hin, in denen dann ja auch wertvolle Grabbeigaben deponiert gewesen sein dürften.[41] Bittel faßte 1989 neuere, seit der Yazılıkaya-Publikation (1975) vorgetragene Gesichtspunkte und frühere Beobachtungen verschiedener Autoren in einem Aufsatz *Bemerkungen zum hethitischen Yazılıkaya* zusammen.[42] Treffend bezeichnete Bittel dort die bildhauerische Qualität der Felsreliefs von Yazılıkaya:

«Erinnern wir uns an die flachen, lediglich mit den Umrissen vom Grund abgehobenen Reliefs von Alaca Höyük, ergibt sich sogleich ein grundlegender Unterschied in Yazılıkaya: hier herrscht eine Durchmodellierung der Formen bis in die Einzelheiten, wahre Körperlichkeit, wirkliche Plastik und folglich ein Relief, das sich oft bis zur Höhe einer Handspanne über den Bildgrund erhebt. Um dies zu erkennen, genügt es, einen Blick auf die

Abb. 48 Ḫattusa. Das Löwentor in der westlichen Stadtmauer.

Hauptgöttin, auf den auf Bergen stehenden Tudḫaliya, auf die Zwölfgötter und auf Šarruma und Tudḫaliya in der kleinen Kammer zu werfen.»[43]

ḪATTUSA – RELIEFS UND INSCHRIFTEN IN DER HAUPTSTADT

Man darf annehmen, daß in der Hauptstadt des Hethiterreiches vor der endgültigen Zerstörung am Anfang des 12. Jhs. v. Chr. viele der Gebäude, von denen die Ausgrabungen noch Grundmauern oder Sockelzonen, oft nur deren Bettungsspuren im Felsgrund freilegen konnten, mit Reliefs ausgestattet waren. Erhalten blieben nur wenige Beispiele, jedoch einige Werke, die zu den größten künstlerischen Leistungen der hethitischen Großreichszeit gehören. Es sind dies Architekturreliefs, die an Toren ausgearbeitet wurden: Die beiden, mit ihrem Vorderteil plastisch aus dem Torgewände hervortretenden Löwen des in der westlichen Stadtmauer liegenden Löwentores (Abb. 48), die Sphingen an dem Tor von Yerkapı im Süden (Abb. 50) und der König am inneren Torpfeiler des Königstores im Osten. Stellvertretend für diese bedeutenden, häufig beschriebenen und abgebildeten Reliefs soll hier der rechte der noch am Ort befindlichen Löwen vom Löwentor gezeigt werden, vor dessen linker Pranke zwei Schalengruben in der Oberfläche der Basis ausgehöhlt worden sind (Abb. 49). Am Yerkapı, dem Südtor der Oberstadt, zeigt der Rest der westlichen, von außen gesehen linken Sphinx noch den wie ein Helmbusch über dem Kopf herausragenden «Rosettenbaum», ein häufiges Detail der Sphingendarstellung (Abb. 50). Die anderen genannten Bildwerke stehen in den Museen von Ankara, Istanbul und Berlin. Bei den von P. Neve geleiteten jüngeren Ausgrabungen traten in den Ruinen der Gebäude in der Oberstadt Reste von Orthostatenreliefs und zahlreiche Steinfragmente auf, die darauf hinweisen, daß in vielen der verlorenen Bauten Reliefs vorhanden waren. Dazu gehören auch die Gebäude am Nişantaş. Dort wurden außerdem mehrere tausend Tonbullen mit Siegelabdrücken und Fragmente von Keilschrifttafeln gefunden. Im

Abb. 49 Ḫattusa. Schalengruben vor den Pranken des rechten Torlöwen.

Bereich der «Südburg» konnten bei den Ausgrabungen unter der phrygischen Burgmauer in einem Stollengang figürliche Reliefs und eine umfangreiche hieroglyphen-luwische Inschrift freigelegt werden.

Die große Inschrift am Nişantaş

Der Felsrücken Nişantaş trägt auf seiner Südostseite ein 9 m langes, 2,40 m hohes Inschriftenfeld, dessen plastisch ausgearbeitete Hieroglyphen in elf horizontalen, durch erhabene Stege voneinander getrennten Zeilen geordnet sind (Abb. 51). F. Steinherr hat 1972 nach sorgfältiger Bearbeitung der Schriftzeichen mittels Kreide und guten photographischen Aufnahmen zwar eine vollständige Umzeichnung angefertigt[44], die Inschrift ist aber so sehr verwittert, daß zahlreiche Zeichen nicht mehr zu bestimmen waren. Am Beginn der linksläufigen ersten Zeile rechts oben – anschließend an zwei undeutliche Zeichen – zeigt sich jedoch

Abb. 50 Ḫattusa. Rest einer Sphinx am Yerkapı, dem Südtor.

noch recht klar die von einer geflügelten Sonnenscheibe gekrönte Aedicula eines Königs ab, die beiderseits außen die Zeichen für «Großkönig» und danach – ebenfalls spiegelbildlich redupliziert – für *labarna* aufweist (Abb. 52). Das sind die Merkmale, die auch in der Aedicula des Großkönigs Tudḫalija III. erscheinen, z. B. in Yazılıkaya. Die Umschrift lautet:

SOL$_2$
MAGNUS REX IUDEX+*la* PURUS.FONS.*MI*. IUDEX+*la*
MAGNUS REX

«Die Majestät
Großkönig *labarna* Suppiluliuma *labarna* Großkönig»

Die im Zentrum dieser Aedicula am Nişantaş übereinander stehenden Zeichen nennen den Namen Suppiluliuma. Es ist der zweite Großkönig dieses Namens und der letzte des Hethiterreiches vor dessen Untergang zu Beginn des 12. Jhs., der sich in seiner daran anschließenden Filiation als Sohn des Großkönigs Tudḫalija III. und Enkel des Großkönigs Ḫattusili II. bezeichnet. PURUS steht für hethitisch *suppi-* «heilig», FONS für *luli-* «Teich». Das Kompositum bedeutet also: «Heiliger Teich». Inwieweit sich Suppiluli auf eine bestimmte Örtlichkeit bezieht, wie das Ethnikonsuffix *-uma-* nahelegt, ist unklar. Mit den folgenden Zeichen der ersten Zeile beginnt der narrative Teil der Inschrift, der von dem verstorbenen Tudḫalija berichtet. Von diesem sind jedoch nur noch die ersten Wörter sicher lesbar: «Mein Vater Tudḫalija, der Großkönig . . .». Erkannt worden ist aber, daß im linken Teil des Felsreliefs die Zeilen über einen tiefen, das Schriftfeld vollkommen zerteilenden Felsspalt hinweg liefen und daß sie in zeilenweise wechselnder Richtung (*bustrophedon* «wie der Ochse pflügt») geschrieben sind.

In der Großreichszeit hat auf dem Felsrücken Nişantaş ein Bauwerk gestanden, zu dem vom Aufweg in die Oberstadt eine Rampe hinaufgeführt hat. Bei den Ausgrabungen wurden dort im Schutt zwischen den Fundamenten Bruchstücke von Sphingen, zugehörigen Rosettenbäumen (vgl. Abb. 50) sowie der Torso eines Portallöwen gefunden, die von der wahrscheinlich kultisch-repräsentativenen Bedeutung des Gebäudes zeugen. P. Neve, der Grabungsleiter, vermutet nach einem Vergleich mit anderen Tempelgrundrissen: «Doch wäre auch an andersartige Heiligtümer zu denken, z. B. an das in hethitischen Texten erwähnte ^{NA_4}*ḫekur*.»[45] Die Annahme, daß der Nişantaş als ein *ḫēgur* zu identifizieren ist, den Suppiluliuma II. als Ort der Ahnenverehrung, als Gedenkstätte für seinen Vater Tudḫalija errichten ließ, wird auch durch die große Inschrift auf der Seitenfront des Felsens gestützt. Nach einem hethitischen Keilschrifttext Suppiluliumas II. ließ dieser König eine (wohl hieroglyphen-luwische) Inschrift über die «Mannestaten» des Verstorbenen anfertigen.[46]

Die Reliefs im Bereich der Südburg

Seit 1988 wurde südöstlich vom Nişantaş im Bereich der phrygisch überbauten Südburg gegraben, jenseits des auch heute noch in die Oberstadt führenden Weges. Dabei sind Reste einer hethitischen Bebauung, ein fast 6000 m^2 großer, von Staudämmen umschlossener heiliger Teich und – in den Böschungen unterhalb der Ecken dieses Teiches – zwei identisch gebaute steinerne Kammern gefunden worden. Konnte von der «Kammer 1» nur noch der hinterste Teil aus den in der phrygischen Burgmauer verbauten Spolien sorgfältig wiederaufgebaut werden, so war die zweite Kammer infolge der Überbauung durch die phrygische Burgmauer so weitgehend erhalten geblieben, daß unter Verwendung der von ihr stammenden Spolien eine vollständige Re-

Abb. 51 Ḫattusa. Die stark verwitterte Hieroglypheninschrift am Nişantaş.

Abb. 52 Ḫattusa. Detail vom Nişantaş mit der Aedicula des Großkönigs Suppiluliuma.

staurierung gelang (Abb. 53). Die nach innen konisch zulaufende, 4 m tiefe, 2–1,60 m breite Kammer war, ähnlich wie die Kammer 1, mit einem parabolischen Gewölbe von etwa 3,30 m lichter Scheitelhöhe überdeckt, das – durch radial verlaufende Stoßfugen (!) definiert – als der in der Baugeschichte früheste Nachweis eines sog. echten Steingewölbes gelten kann.[47] Der Boden der an der Nordecke des Teiches tief in dessen Böschung einschneidenden Kammer liegt etwa 1 m unter der Sohle des Teiches. Beiderseitige Flügelstützmauern fingen die Böschung ab und öffneten sich trichterartig zum nördlichen Vorgelände. Alle drei Wände der Kammer sind mit einer hieroglyphen-luwischen Inschrift und figürlichen Reliefs ausgestattet. Auf der großen Platte der Stirnwand steht das flache, nur in den Umrissen exakt ausgearbeitete Relief des Sonnengottes (Abb. 53), der nicht durch Schriftzeichen benannt ist. Jedoch erscheint er in gleicher Weise unter der geflügelten Sonnenscheibe im langen Gewand, mit Rundkappe und Kalmus in Yazılıkaya an der Westwand der Kammer A (vgl. Abb. 27) und ist dort durch seine Beischrift als «Sonnengott des Himmels» identifiziert.

Links vom Eingang steht am Beginn der Ostwand in der ursprünglichen Position eine in der phrygischen Mauer verbaut gewesene Reliefplatte. Sie zeigt eine nach links gewandte Kriegergestalt, von deren Spitzhut, der vorn drei Hörner aufweist, hinten ein langer Schal (?) herabhängt (Abb. 54). Die männliche Gestalt trägt Schnabelschuhe und den üblichen kurzen Schurzrock, vor dem der Knauf des links getragenen Schwertes sichtbar ist, während die Scheide als flache Innenzeichnung auf dem sich vorwölbenden Rumpf erscheint. Sollte das darauf hindeuten, daß zunächst ein hinter dem Körper, rechts (!) getragenes Schwert plastisch reliefiert ausgeführt war und daß nachträglich mittels der flachen Zeichnung auf dem fertigen Rumpf eine Änderung in ein links getragenes Schwert erfolgt ist? Über der linken Schulter trägt der Krieger den großen, mit der Hand des angewinkelten Armes gehaltenen Bogen, und mit der Hand des rechten, vorgestreckten Armes hält er die Lanze. Zwischen dieser und dem Kopf stehen die Namenszeichen des Großkönigs Suppiluliuma II. (Ende des 13. Jhs. – ca. 1190/85 v. Chr.), die sich auch am Beginn der Nişantaş-Inschrift (s. o.) befindet. Das Relief des Kriegers mit dem Hörnerhut der Götter ist hier in der Kammer 2, wie das des Sonnengottes, ebenfalls nur in den Umrissen genau ausgearbeitet, ansonsten aber (noch?) wenig detailliert und flach belassen. Ob die Details der beiden Reliefs durch farbige Behandlung wiedergegeben waren, kann nur vermutet, aber nicht mehr nachgewiesen werden. Eine Tafel mit einem vergleichbaren Relief des jedoch nach rechts gewandten Großkönigs Tudḫalija III., das ausführlich detailliert ist, wurde im Haus A beim Tempel 5 in der Oberstadt gefunden.[48]

Abb. 53 Ḫattusa. Südburg, die rekonstruierte Kammer 2. Auf der Stirnwand ist in Umrissen ein Relief des Sonnengottes zu erkennen.

Abb. 54 Ḫattusa. Südburg, Kammer 2, das Relief auf der linken Wand zeigt eine Kriegergestalt.

Rechts, in der Westwand, sind die beiden untersten Schichten aus exakt gefugten Quadern, die in der Tiefe der Kammer an die Stirnwand mit dem Relief des Sonnengottes anstoßen, mit Hieroglyphen beschriftet. Diese blieben besonders gut erhalten, da sie durch die phrygische Überbauung geschützt waren (Abb. 55. 56). Obwohl die meisten Schriftzeichen gut zu identifizieren waren, hat die vollständige Lesung des Textes Schwierigkeit bereitet, weil die Inschrift – möglicherweise vorsätzlich – in einer altertümlichen Schreibweise verfaßt ist. Das berichtet J. D. Hawkins in seiner Bearbeitung der hieroglyphen-luwischen Inschrift: «Man kann über den Grund für diesen scharfen Widerspruch zwischen den anderen langen Inschriften Tudḫalijas IV. [III.] und Suppiluliumas II. und denen der Südburg Vermutungen anstellen. Wären die letztgenannten nicht sicher Suppiluliuma II. zuzuweisen, könnte man versucht sein, ihre Eigentümlichkeit als archaisch zu erklären. Da diese Erklärung nicht anzuwenden ist, kann man wenigstens annehmen, daß der Stil bewußt archaisierend ist. […] So könnte es sein, daß Suppiluliuma II. in seiner Inschrift Vorliebe zeigte für einen groben, altmodischen Stil, vielleicht in der Art seines Großvaters Ḫattusilli III. [II.], in dessen Generation, soweit wir wissen, die Verwendung von Hieroglyphen in monumentalen Inschriften begann.»[49]

Der Text, der auf sechs unterschiedlich langen Blöcken der beiden gleich hohen Schichten ausgeführt ist, berichtet in annalistischer Form von drei Eroberungszügen des Großkönigs (Abb. 56). Genannt werden die in geschlossener Reihe aufgezählten Götter, deren Gunst die siegreichen Feldzüge begleitet hatte, rechtsläufig beginnend mit der Sonnengöttin von Arinna, gefolgt u. a. von mehreren Wettergöttern und der Göttin Sauska, von deren beiden Wesenszügen hier wohl derjenige der Göttin des Krieges gemeint ist. Erwähnt werden eroberte Städte – unter ihnen das auch in der Yalburt-Inschrift (s. Kap. S. 37 ff.) genannte Winuwanti (Winuwanda/Oinoanda) in Lykien und Ikuna (Ikonion/Konya) in Lykaonien – sowie die Namen der westlichen Länder Lukkā und Māsa. Der Großkönig führte aber auch eine Anzahl von Städten auf, in denen von ihm Bauwerke errichtet worden waren. Auch ein Feldzug in das Land Tarḫuntassa, in dessen gleichnamige Hauptstadt etwa 80 Jahre zuvor der Großkönig Muwattalli II. (ca. 1290–1272 v. Chr.) für mehrere Jahre die Hauptstadt des Hethiterreiches verlegt hatte, wird in dieser Inschrift beschrieben. In Tarḫuntassa war unter Suppiluliumas Großvater, Ḫattusili II. (ca. 1265–1240 v. Chr.), eine Sekundogenitur (Nebenlinie der königlichen Dynastie) für den König Kurunta eingerichtet worden. Kurunta, der Sohn Muwattallis, ist als Großkönig (!) auf dem Felsrelief von Hatip dargestellt (s. Kap. S. 101 ff.).

Die Inschrift der Kammer 2 im Damm des künstlich angelegten «Heiligen Teiches» im Kultbezirk der «Südburg» bietet nach

Abb. 55 Ḫattusa. Südburg, Kammer 2, hieroglyphen-luwische Inschrift auf der rechten Wand.

Abb. 56 Ḫattusa. Südburg, Kammer 2, Detail der Inschrift auf der rechten Wand.

Hawkins: ^{DEUS}TERRA+VIA «Weg in die Unterwelt». Das Wort «Erde» steht im Hethitischen und Luwischen auch für «Unterwelt». Die gleiche Bedeutung weist der keilschriftliche Ausdruck ^{D}KASKAL.KUR, zusammengesetzt aus dem Determinativ DINGIR «Gott» und den Sumerogrammen KASKAL «Weg» und KUR «Unterwelt» auf. Die Identifizierung des in Troia von den Archäologen unter der Leitung von M. Korfmann entdeckten unterirdischen Wasserstollens[50] als «Weg in die Unterwelt» beruht auf der Nennung von ^{D}KASKAL.KUR in der Liste der Götter von Wilusa im Staatsvertrag Muwattallis II. mit Alaksandu von Wilusa.

YUMRUKTEPE/BEYKÖY – GROSSREICHSZEITLICHE (?) FLÜGELSONNE

In der Ebene westlich des phrygischen Berglandes erhebt sich nordöstlich des Dorfes Beyköy im freien Feld in Sichtweite der letzten Häuser unvermittelt ein auffallender, nur etwa 10 m hoher Felsrücken. In dessen glatten Flächen ist in römischer und byzantinischer Zeit eine Vielzahl rechteckiger Gräber ausgehoben worden (Abb. 57). Am Fuße des Felsens befindet sich auch ein vermutlich phrygerzeitliches Kammergrab, bei dem jüdische und christliche Ornamente auf eine spätere Nutzung hinweisen. Der Ort liegt so weit westlich der Felsreliefs des hethitischen Kernlandes – fast in halber Distanz zu der Gruppe der westlichen Denkmäler an der Ägäisküste –, daß er ebensogut zu dieser gerechnet werden kann. Zu beachten ist hierbei, daß der große leere Raum zwischen dem Kerngebiet und der in den inzwischen immer deutlicher erforschten großreichszeitlichen Präsenz im Küstengebiet zwar den Forschungsstand, aber noch keinen materiellen Befund wiedergibt.

In den Kamm dieses Rückens sind zwei nach Ostsüdost (100°) gerichtete, etwa 1,50 m breite Nischen so eingeschnitten, daß jede eine vordere, etwa 0,90 m tiefe waagerechte Fläche und dahinter eine etwa 0,90 m hohe senkrechte Rückwand sowie senkrechte Seitenwangen aufweist (Abb. 59. 60). Die Felsflächen sind von Flechten, die eine Beobachtung erschweren, bedeckt. Auf der Rückwand der linken, südlichen Nische ist fast vollständig ein sehr verwittertes, nur noch schwach zu erkennendes Relief erhalten, das wohl eine geflügelte Sonnenscheibe dargestellt hat, deren Oberkante 0,64 m über dem Boden der Nische liegt (Abb. 59). Gemessen von der Mitte beträgt der rechte Flügel 0,40 m, während nur die Spitze des linken nach 0,30 m abgebrochen ist. An den Flügeln sind noch Spuren der Innenzeichnung vorhanden. Die Nische scheint an ihrer oberen, teilweise abgebrochenen Kante von einer waagerechten Randleiste begrenzt gewesen zu sein, deren rechter Abschnitt noch erhalten ist.

Abb. 57 Beyköy. Der Fels in dem zahlreiche römerzeitliche (?) Gräber ausgehoben sind. Rechts oben am Kamm des Hügels zwei Nischen mit den Reliefs (vgl. Abb. 65f).

Abb. 58 Beyköy. Die linke Nische mit der Flügelsonne.

Wesentlich besser ist an der Rückwand der rechten, nördlichen Nische ein plastisch ausgearbeitetes Relief erhalten, dessen linke Partie nebeneinander zwei etwa 30–40 cm hohe, geometrisch anmutende Strukturen aufweist. Daran schließen sich rechts etwa halb so hohe, weniger gut erhaltene Zeichen an, bei denen es sich um den Rest einer Inschrift handeln könnte. Diesen Eindruck erwecken insbesondere die beiden ersten kleineren Zeichen von links (Abb. 60).

Dicht über dem Boden sind die Rückwände beider Nischen durch grob ausgehauene Vertiefungen, vermutlich Spuren versuchter Raubgrabungen, beschädigt. Wegen des dichten Flechtenbewuchses kann ohne eine vorsichtige Säuberung der Felsflächen nicht beobachtet werden, ob sich dort – vielleicht auf der rechten Fläche der rechten Nische – noch lesbare Schriftzeichen befinden. Über eine bis heute nicht wieder aufgefundene Inschrift aus der unmittelbaren Nähe der geflügelten Sonnen-

Abb. 59 Beyköy. Die zwar verwitterte, aber noch in voller Breite erkennbare Flügelsonne.

Abb. 60 Beyköy. Undefinierte, reliefierte Zeichen in der rechten Nische.

Abb. 61 Yalburt. Das Becken mit dem Feldzugsbericht des Großkönigs Tudḫalija III.

scheibe hat F. Steinherr, auf L. Messerschmidt verweisend, berichtet.[51] Steinherr datierte sie in die Großreichszeit. Geflügelte Sonnenscheiben sind als häufig auftretende hethitische Symbole bekannt, allerdings sind diese regelmäßig ergänzender Titel zu den Namen der Großkönige; eine isolierte Verwendung dieses Zeichens wäre ungewöhnlich. Auch in den Reliefs der Fürsten der «späthethitischen» Kleinstaaten treten die Flügelsonnen auf, so daß – sofern man eine hethitische Herkunft unterstellt – aus deren Vorhandensein allein noch nicht auf eine Datierung in die Zeit des Großreiches geschlossen werden kann. «Späthethitische» Denkmäler, d. h. solche aus der Zeit nach dem Untergang des Großreiches, sind in dieser Region im Westen des hethitischen Kernlandes bisher nicht belegt. Deswegen kann eine Datierung in die Zeit des Großreiches nicht ausgeschlossen werden.

In die Zeit des Großreiches gehört wohl das Fragment einer Stele, die W. M. Ramsay im Jahre 1884 bei einem Siedlungshügel, etwa 3 km südlich des Ortes Beyköy ausgegraben hat, die jedoch seitdem verschollen ist. Daß es sich hierbei um eine großreichszeitliche Stele gehandelt hat, wurde an den wenigen erhalten gebliebenen Zeichen von E. Masson nach der Analyse einer Kopie erkannt.[52] Eigentlich besteht der Siedlungsraum um Beyköy aus 4 Höyüks (Hügeln): Maltça Höyük, Beyköy, Ablak, Sipsin-Çayırbağ (s. hierzu Gonnet 1994).

YALBURT – FELDZUGSBERICHT TUDḪALIJAS III. AM WASSERBECKEN

Bei Baggerarbeiten wurden im Jahre 1972 nördlich der kleinen Stadt Ilgin in der Einsamkeit der Yayla (Bergweide) am Südrande des Gölcuk Dağı 19 Blöcke mit luwischen Hieroglyphen ausgegraben, die zu der Einfassung eines aus dem 13. Jh. v. Chr. stammenden, 12,60 x 8,25 – 8,45 m großen Wasserbassins rekonstruiert werden konnten (Abb. 61). Obwohl es sich dabei nicht um Reliefs im natürlichen Felsen handelt, sollen die Inschriften schon wegen ihrer besonderen historischen und geographischen Bedeutung hier behandelt werden. Die an zwei Längs- und einer Schmalseite des Beckens als ununterbrochene Reihe wiederaufgestellten Blöcke tragen auf der Innenseite einen Fries mit einer meist gut erhaltenen hieroglyphen-luwischen Inschrift. Diese blieb lange Zeit nach der Ausgrabung unpubliziert, bis 1993 M. Poetto eine vollständige photographische und zeichnerische Dokumentation mit eingehender Edition erstellte.[53] Im Jahre 1995 erfolgte durch J. D. Hawkins eine erneute Bearbeitung.[54] Bei genereller Übereinstimmung ergaben diese Lesungen, daß die Inschriften einen detaillierten Bericht des hethitischen Großkönigs Tudḫalija III. über seinen Feldzug nach Lykien enthalten. In diesem werden die von ihm eroberten lykischen Städte genannt, von denen mehrere mit den entsprechenden Namen der griechisch-römischen Zeit identifiziert werden konnten (Winuwanti/Oinoanda, Pinala/Pinara, Tlawa/Tlos).

Die Einfassung der Ostseite, der vierten Seite des Beckens, konnte aus den erhalten gebliebenen Blöcken nicht rekonstruiert werden, so daß keine sichere Aussage möglich ist, ob hier außer dem erforderlichen Beckenrand vielleicht auch figürliche Reliefs bestanden haben. Daß eine derartige Annahme nicht völlig auszuschließen ist, erwies die von M. Poetto im Jahre 2000 vorgelegte Publikation von zehn weiteren, bis dahin unbekannt gebliebenen Fragmenten, die bei der Ausgrabung des Yalburt-Beckens freigelegt und seinerzeit in Ankara deponiert worden waren.[55] Mehrere von ihnen zeigen Reste von Hieroglyphen, ein Bruchstück aber auch Teile eines figürlichen Reliefs mit einer «Umarmungsszene», von deren Gestalten nur der Rumpf erhalten blieb (Abb. 62). Im Vordergrund steht eine männliche Figur, die in der Hand des angewinkelten rechten Armes eine auf die Schulter gelegte Keule hält und die linke Hand zum Grußgestus erhoben hat. Hinter ihr steht ein wesentlich größerer Berggott, der durch seinen mit Kegeln besetzten Rock gekennzeichnet ist und über der Hand des linken, vorgestreckten Armes das Heilssymbol trägt. Darunter befindet sich deutlich das Gotteszeichen. Sein rechter, nicht mehr vorhandener Arm wird die vor ihm stehende Gestalt umarmt haben. Die erhaltenen Teile der Komposition folgen der üblichen Darstellung der Umarmung eines Königs durch seinen Schutzgott, wie sie in Yazılıkaya (Kammer B) und auch auf Siegelabdrücken belegt ist. Davon abweichend erfolgt hier in Yalburt die Umarmung aber durch einen Berggott. Einen weiteren Hinweis auf verlorene figürliche Gestaltung könnte der außen neben der Südseite des Beckens liegende, fast völlig zerschlagene Rest einer vollplastischen Skulptur bieten, der das Unterteil einer Statue gewesen sein wird (Abb. 63). Auch ein Vergleich mit den

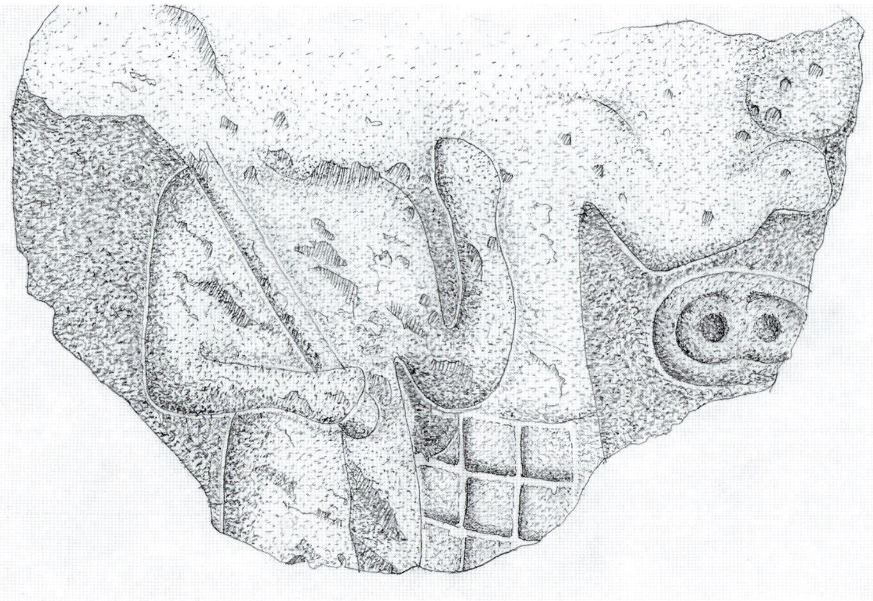

Abb. 62 Yalburt. Zeichnung eines der erst 1995 wiedergefundenen Fragmente mit figürlichem Relief. Ein Berggott, am «Knubbenrock» erkennbar, umarmt den König.

Reliefs des Beckens von Eflatunpınar am Beyşehir-See, das wahrscheinlich aus der Zeit des gleichen Königs stammt, kann diese Annahme stützen (s. Kap. S. 50 ff.). Ob der Torso jedoch aus der Zeit des hethitischen Großreiches oder aus einer späteren Zeit stammt, kann an dem geringen Rest nicht beurteilt werden.

Die Beschreibung des Inschriftenfrieses (nach Poetto) beginnt auf dem ersten Block an der Südseite, Block 1 (Abb. 64) mit der

Abb. 63 Yalburt. Neben dem Becken liegt (lag?) ein fast völlig zerschlagener Torso.

Aedicula des Großkönigs, in deren Mitte sein Name wie in der «Umarmungsszene» der Kammer B in Yazılıkaya durch MONS*Tu* bezeichnet wird, gefolgt von HEROS «Held» (Abb. 65). Dann schließt sich die Filiation des Königs an mit den rechtsläufig zu lesenden Zeichen:

ḪATTUSA+*li* MAGNUS REX HEROS FILIUS
URBS+MINUS+*li* MAGNUS REX HEROS…

«des Ḫattusili, des Großkönigs, des Helden Sohn;
des Mursili, des Großkönigs, des Helden …»

Block 1 endet also mit HEROS «des Helden …», so daß das noch zu erwartende NEPOS «Enkel» auf dem anschließenden Block 2 stehen sollte. Weil das jedoch nicht der Fall ist, hat zuerst M. Poetto gefolgert, daß rechts von Block 1 ein anderer Block gestanden haben muß als der bei der Rekonstruktion dort aufgestellte Block 2 (Abb. 67). Er hat dafür zunächst überzeugend den seinerzeit an das Ende der Nordseite plazierten Block 16 nachgewiesen, der in der unteren linken Ecke mit den Zeichen (Meriggi) DUMU.264, das ist NEPOS, beginnt (Abb. 83).[56] Weil aber danach die Zeichen *-ka-li* folgen, lautet dieses Wort NEPOS-*ka-li* «Urenkel», dem die Nennung des Urgroßvaters vorangegangen sein muß. Block 16 kann sich daher nicht unmittelbar an Block 1 angeschlossen haben. Vermutet wurde daher, daß sich zwischen den Blöcken 1 und 16 noch ein weiterer Block mit der Nennung des Urgroßvaters befunden haben könnte, etwa mit dem Text: «[Des Suppiluliuma, des Großkönigs, des Helden] Urenkel». Hawkins kommt zu der gleichen Erwägung, er hält jedoch letztlich einen weiteren Block zwischen 1 und 16 für unwahrscheinlich, weil dieser wegen eines Textes von nur vier Zeichen ungewöhnlich kurz und damit der kürzeste Block der gesamten Anlage gewesen wäre.[57]

Auf eine andere Möglichkeit soll jedoch hier aufmerksam gemacht werden: Die erhaltene Länge des Bruchstückes von Block 16 (Abb. 83) beträgt bis an die linke Abbruchkante nur 1,25 m. Gemessen an der Länge des Schriftfeldes des Blockes 1 mit 1,75 m würde der von den fehlenden Zeichen benötigte Raum etwa 0,45 m erfordern. Der rechts durch eine Randleiste begrenzte, links aber abgebrochene Block 16 müßte links länger gewesen sein, um auch noch diese Zeichen aufnehmen zu können.

Das von Poetto abgebildete Fragment mit dem auf Block 1 fehlenen Zeichen «Enkel» (Taf. I, Nr. 2), wird von der linken Ecke des von Block 16 abgebrochenen Stückes stammen und deshalb hier in Abb. 66 «16a» genannt. Die danach etwa 1,70 m betragende, ursprüngliche Länge des Blockes 16 entspräche durchaus den durchschnittlichen, verschiedenen Abmessungen der übrigen in ganzer Länge erhaltenen Blöcke (Abb. 66). Diese Annahme des Verfassers bietet eine einfache, den Problemen des Textes und den Gegebenheiten entsprechende Lösung.

Die auf Block 16 an das Zeichen «Urenkel» anschließende Gruppe von fünf Zeichen wurde von Poetto als Beginn des Feldzugsberichtes verstanden: ^{DINGIR}*TRH wa/i-*s_3 *82.* (Das ist: ^{DEUS}TONITRUS *u̯a/i-sà* PES) «Der Gott T. kam gunstvoll». Es dürfte aber – womit ich einen Hinweis von F. Starke wiedergebe[58] – im Anschluß an Hawkins vielmehr ^{DEUS}TONITRUS *u̯a/i-sà-ti* zu lesen sein (PES = *ti*), so daß sich der Ausdruck «aufgrund der Huld (Ablativ) des Wettergottes» ergibt und dieser Ausdruck mit der vorausgehenden Aedicula und Genealogie zu verbinden ist. Denn auf *u̯a/i-sà-ti* folgt mit *a-u̯a/i-mi* unzweifelhaft ein neuer Satz («Ich eroberte alle Länder»), mit dem auch der narrative Teil der Inschrift beginnt.

Somit lautet der Anfang der Yalburt-Inschrift wie folgt:

Einleitung (Block 1 + 16a + 16):

SOL$_2$ MAGNUS REX IUDEX+*la* ^{MONS}*Tu* IUDEX+*la* MAGNUS REX HEROS
Die Majestät, *labarna*, Tu(dḫalija), Großkönig, Held,

ḪATTUSA+*li* MAGNUS REX HEROS FILIUS
des Ḫattusili, des Großkönigs, des Helden Sohn,

URBS+MINUS+*li* MAGNUS REX HEROS NEPOS
des Mursili, des Großkönigs, des Helden Enkel,

[PURUS-FONS-*MI* MAGNUS REX HEROS] (Block 16a) [N]EPOS-*ka-li*
[des Suppiluliuma, des Großkönigs, des Helden] Urenkel,

^{DEUS}TONITRUS *u̯a/i-sà-ti*
aufgrund der Huld des Wettergottes:

Beginn des narrativen Textes (Block 16, Fortsetzung):

a-u̯a/i-mi REGIO OMNIS$_2$ ^{*273}[*m*]*u-u̯a/i-ḫa* …
Ich eroberte alle Länder …

Zweifel an der rekonstruierten Reihung der Reliefblöcke lagen schon früher vor. Aber an den einzelnen Blöcken ist noch ein deutliches Merkmal anderer Art zu beobachten, das bei der Bestimmung der zutreffenden Folge mehrerer Inschriftteile hilfreich sein kann: Einige Schriftfelder (Blöcke 1, 3, Abb. 65. 68) beginnen links vertieft nach einem erhöht stehen gelassenen, senkrechten Rand; bei manchen Blöcken (z. B. Block 16, Abb. 83) steht dieser Abschluß am rechten Ende des Schriftfeldes, und Block 2 (Abb. 67) weist ihn sogar beiderseits am Beginn und am Ende auf, wodurch dieser Inschriftteil wie ein in sich geschlossener Textabschnitt erscheint. Dagegen läßt die rechte Kante des Blockes 3 sowie die linke des Blockes 16 und beide Kanten der Blöcke 4–8 (Abb. 69. 70. 72–74) und 10–15 (Abb. 76. 78–82), die beiderseits keinen deutlichen Abschlußrahmen besitzen, auf möglicherweise durchlaufende Texte schließen. Das Weiterlaufen des Textes über das Ende eines Blockes hinweg wird im narrati-

Abb. 64 Yalburt. Die Südseite des Beckens mit den Blöcken 1–5.

Abb. 65 Yalburt. Block 1 mit der Aedicula und dem Anfang der Filiation des Großkönigs Tudḫalija III.

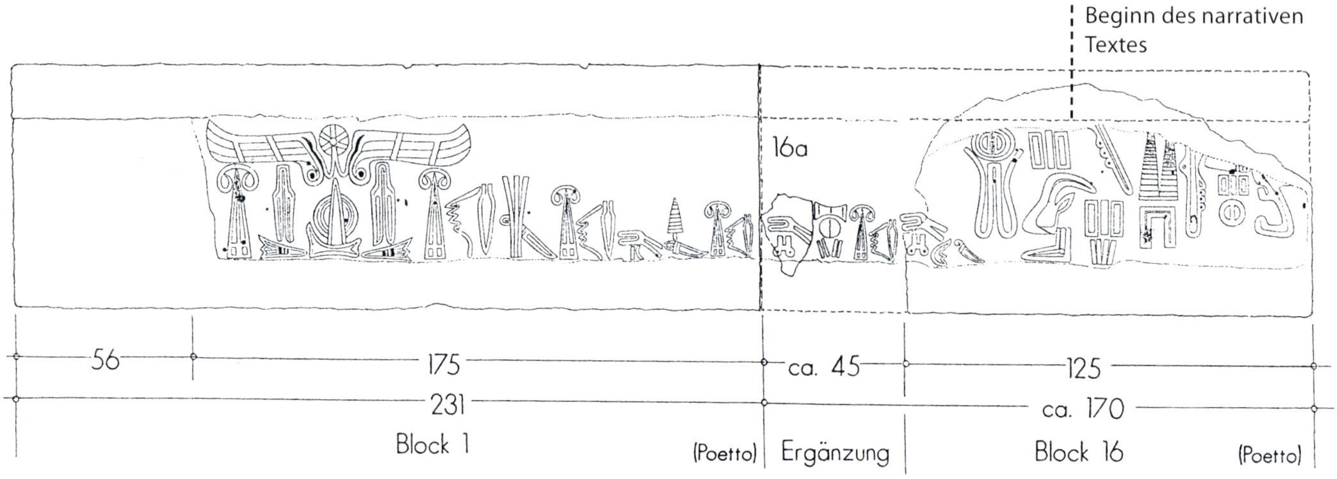

Abb. 66 Yalburt. Die unvollständige Filiation des Blockes 1 kann nur durch das Fragment des unzutreffend in die Nordseite eingereihten Blockes 16 (vgl. Abb. 83) beendet werden. Dieser ist jedoch, wie in der Umzeichnung vorgeschlagen, zu ergänzen.

Abb. 67 Yalburt. Links das Ende von Block 1. Es folgt Block 2, vor dem jedoch nunmehr das Fragment 16a und Block 16 einzuordnen sind (vgl. Abb. 66).

ven Teil der Inschrift wiederholt vorkommen, weil bei der Herstellung der unbeschrifteten Blöcke nicht die spätere Gliederung des Textes berücksichtigt werden konnte. Eine unter diesen Gesichtspunkten vorzunehmende philologische Prüfung der Texte und eine archäologische Untersuchung der Fugen könnten Hinweise auf die zutreffende Reihenfolge der Blöcke liefern. Unter der Voraussetzung, daß die Rekonstruktion der Innenecken des Beckenrandes und die Anordnung im übrigen zutreffen, bewirkt schon die oben erwähnte Notwendigkeit der Einfügung des Blockes 16 im Anschluß an Block 1 eine Vergrößerung der Länge des gesamten Frieses der Südseite und eine Verkürzung der Nordseite. Diese Verlängerung der Südseite vergrößert sich weiter durch die oben vorgeschlagene Ergänzung des links abgebrochenen Blockes 16. In einer zeichnerischen Ergänzung (Abb. 66) ist die Verlängerung des erhaltenen Teiles von Block 16 durch Einfügung der restlichen Genealogie mit Nennung des Urgroßvaters Suppiluliuma dargestellt.

Die hier vorgetragene, begründete Annahme, daß die Ausbil-

Abb. 68
Yalburt. Block 2 (hier links dessen Ende) und der fragmentarische Text von Block 3 berichten von Geschehnissen zu Beginn des Lykien-Feldzuges bis zum Erreichen der Grenze.

Abb. 69 Yalburt. Auf Block 4 wird erzählt, daß der König auf seinem Feldzug am Patara-Berg/Gebirge eine (noch nicht genauer zu deutende) steinerne Anlage errichtet hat.

Abb. 70 Yalburt. Block 5 als letzter der Südseite nennt zwei Berge in größtenteils unlesbarem Kontext.

dung senkrechter Randleisten Zäsuren des Textes bedeuten, bleibt im einzelnen philologisch zu überprüfen. Der Vergleich der Blöcke 1 und 16 zeigt auch deutlich die bei der Wiederaufstellung der Blöcke seinerzeit wohl übersehene, jedenfalls nicht gewertete Gegebenheit, daß die Höhe des Schriftfeldes und der vorstehende untere Randstreifen dieser beiden Blöcke – der obere des Blockes 16 ist leider nicht erhalten – gut zueinander passen, während diese sich von denen des dort aufgestellten Blockes 2 erheblich unterscheiden (vgl. Abb. 67).

Der mit dem schlecht erhaltenen Bock 3 (Abb. 68) anschließende Text berichtet von dem Lykien-Feldzug, der sich gegen die namentlich genannten Orte bzw. Länder, Kuwalatarna, Lukkā, Winuwanti (Oinoanda), Pinala (Pinara), Tlawa (Tlos), Awarna (Xanthos) sowie Patara richtete. Auf eine offensichtlich unzutreffende Reihung der beiden Blöcke 10 und 11 in der Nordwestecke des Beckens wies mich F. Starke hin: «So ergibt sich im Übergang von Block 10 zu Block 11 [...] (bei Hawkins: 10, § 3 und 11, § 1) das unsinnige Satzgefüge: ‹Als der Wettergott,

Abb. 71 Yalburt. Die Westseite des Beckens mit den Blöcken 6–10 (vgl. Abb. 80–84), auf denen der Feldzugsbericht detailliert fortgesetzt wird.

Abb. 72 Yalburt. Block 6 erwähnt Frauen und Kinder, die im Lande «Kuwalatarna» vor dem König niederknieten, sowie eine große Beute an «... Groß- und Kleinvieh.»

Abb. 73 Yalburt. Block 7 mit dem Bericht weiterer Taten des Königs während des Feldzuges.

Abb. 74 Yalburt. Block 8, auch hier werden die Taten des Königs während des Feldzuges gerühmt.

Abb. 75 Yalburt. Block 9 berichtet von der Vernichtung des «Landes Lukkā» und erwähnt das nach seinem Hauptort benannte «Land Winuwanti» (= griech. Oinoanda) im Norden Lykiens.

Abb. 76 Yalburt. Block 10 verweist auf den Beistand des Wettergottes bei der Eroberung des Ortes/Landes «Atpa...».

mein Herr, mir voranlief (Block 10), lief der Wettergott, mein Herr, mir voran›! Die Reihenfolge 10–11 stimmt also sicherlich nicht, so daß Block 11 wohl – im Austausch mit einem anderen Block – anderswo, vielleicht irgendwo zwischen 2 und 9, einzuordnen ist.»[59] Auch die weitere Anordnung der Blöcke, wie sie die Bearbeitungen von Poetto und Hawkins bieten, sind nach neuerer Prüfung der Texte durch Starke fraglich, so daß auch aus diesem Grunde – zusätzlich zu den oben vorgetragenen Gesichtspunkten – eine generelle Neubearbeitung zu erhoffen ist.

An den unzutreffend plazierten Block 16 (Abb. 83) schließen sich das Fragment des Blockes 17 (Abb. 84) mit dem Rest eines Berichtes von einer weiteren kriegerischen Zerstörung und die Blöcke 18 und 19 (Abb. 85) mit unleserlichen Zeichen an. Diese beiden Böcke wurden im Jahre 2003 umgestürzt angetroffen.

Abb. 77 Yalburt. Die Nordseite des Beckens mit den Blöcken 11 – 20 (vgl. Abb. 78–86) mit der Fortsetzung der Berichte über den Feldzug.

Abb. 78 Yalburt. Block 11: «Der Wettergott, mein Herr, stand mir bei, und ich, [. . .], eroberte das Land . . .»

Abb. 79 Yalburt. Block 12: «Ich schlug Pinala (= Pinara) und [. . .], und der Wettergott stand mir bei.»

Unter dem anschließenden Sockelstein des nicht erhaltenen Blockes 20 beobachtete vor Jahren ein neugieriges Erdhörnchen nach Überwinden der ersten Furcht interessiert unsere Arbeit (Abb. 86).

Im Zuge der Wiederaufstellung der Blöcke waren seinerzeit die drei Seiten des Inschriftenfrieses mit Schutzdächern ausgestattet worden, von denen heute lediglich noch die auskragenden Rahmen aus Stahlprofilen vorhanden sind. Die Welleternit-Dachplatten haben nur wenige Jahre überlebt (Abb. 87). Der Ausgräber R. Temizer berichtete, daß in römischer Zeit das Bassin auf eine Größe von 5 x 4 m verkleinert, aber vertieft wurde.[60] In dieser und in byzantinischer Zeit sollen auch Kanalrinnen für die Wasserführung angelegt worden sein. Auf dem Höhenrücken, der die Mulde des Beckens im Südwesten überragt, wurden während der Grabungskampagne drei Sondierungsschnitte angelegt, die keine hethitischen Befunde, lediglich geringe hellenistische und römische Spuren ergaben. Daher wurde angenommen, daß an diesem Platz in hethitischer Zeit keine Ansiedlung bestanden hat, sondern daß allenfalls eine zeitweilige Nutzung stattfand. Noch heute stehen auf dieser Anhöhe Hütten, die wegen der klimatischen Situation nur im Sommer bewohnt werden. Allerdings wird von A. M. Dinçol u. a. in dem Bericht über ihren

Abb. 80 Yalburt. Block 13: «Ich vernichtete Pinala und zog nach Awarna (= Xanthos)».

Abb. 81 Yalburt. Block 14: Der Feldzug richtet sich gegen das «Land Tlawa» (= Tlos).

Abb. 82 Yalburt. Block 15 erzählt, daß auch im Lande Tlawa die Frauen und Kinder zu Füßen des Königs niederknieten.

Abb. 83 Yalburt. Der falsch plazierte Block 16 (vgl. Abb. 66).

Abb. 84 Yalburt. Block 17 nennt weitere Zerstörungen.

Abb. 85 Yalburt. Unleserliche Zeichen auf den Blöcken 18 und 19.

Abb. 86 Yalburt. Ein interessierter Zuschauer.

Survey von 1998 über die Grenzen der Sekundogenitur Tarḫuntassa die Annahme vertreten, daß derartige Bassins stets in unmittelbarer Nähe von Siedlungen errichtet worden seien.[61] Hangabwärts, wenig unterhalb des Beckens, erkennt man im Gelände die Spur einer früheren Wegführung unbestimmten Alters.

KÖYLÜTOLUYAYLA UND AFYON – ZEUGNISSE AUS DER ÜBERGANGSREGION NACH WESTKLEINASIEN

Die neuzeitliche Fernstraße von Konya nach Afyon – und weiter bis zur Mittelmeerküste – folgt ungefähr dem Verlauf einer antiken Karawanenstraße, die auch bei den hethitischen Feldzügen in die westlich vom Kernland liegenden Länder genutzt wurde.

Abb. 87 Yalburt. Früher war die historisch wertvolle Inschrift durch ein Regendach, das inzwischen «zweitverwendet» wurde, vor weiterer Erosion geschützt.

Abb. 88 Köylütoluyayla. Die Inschrift auf der Front des Steines, Archäologisches Museum Ankara.

In dieser Region, durch die der alte Weg führt, sind (bis dato) zwei wichtige Denkmäler entdeckt worden: Der Inschriftenstein aus dem Dorfe Köylütolu und eine erst 1999 in Zweitverwendung zwischen den Orten Çay und Sultandağ gefundene, große Inschriftstele. Wegen der Lage der Fundorte im westlichen Grenzgebiet des hethitischen Kernlandes und inhaltlicher Ähnlichkeit der Inschriften werden diese beiden Denkmäler hier zusammengefaßt behandelt.

Fragment einer Verfügung des Großkönigs aus Köylütoluyayla

Auf der Hochebene, der Yayla bei dem Dorfe Köylütolu in Lykaonien – einer Landschaft, die der weiter nordwestlich gelegenen von Yalburt gleicht – hatte der polnische Forscher M. Sokolowski im Jahre 1884 eine fragmentarische hieroglyphen-luwische Inschrift entdeckt und eine Umzeichnung angefertigt. Auch der englische Wissenschaftler W. M. Ramsay, der den Ort wenig später aufsuchte, zeichnete eine Kopie des Hieroglyphentextes. Nachdem zu Anfang des 20. Jhs. noch mehrere Aufnahmen zu unterschiedlichen Befunden geführt hatten, publizierte die französische Forscherin E. Masson eine genaue zeichnerische Wiedergabe und eine erste ausführliche Bearbeitung des Textes, die heute allerdings in manchen Einzelheiten revisionsbedürftig ist.[62] Der etwa 2 m lange, 0,90 m hohe und 1 m dicke Kalksteinblock, der auf der Frontseite eine dreizeilige Inschrift aufweist, wurde nach Ankara verbracht, wo er zunächst lange Zeit im Freigelände bei dem römischen Augustustempel stand, später aber in dem zentralen Saal des Archäologischen Museums aufgestellt wurde (Abb. 88).

Erhabene Leisten trennen die drei Zeilen der verhältnismäßig gut erhaltenen, plastisch reliefierten Schriftzeichen voneinander. Die schräg abwärts fallende Oberfläche der Rückseite des Blockes wird bis auf die Ränder von einer großen Aussparung eingenommen, die als «kleines heiliges Bassin» angesehen wurde (Abb. 89).[63] Diese Zweckbestimmung könnte zutreffen, wenn die Ränder ursprünglich ringsum auf gleicher Höhe gelegen hätten, was nur vermutet werden kann. Anderenfalls könnte die Ausnehmung auch zur Aufnahme einer die Inschrift überragenden Skulptur gedient haben. Während die Inschriften von Yalburt ausführlich von einem Feldzug des Hethiterkönigs Tudḫalija III. in das Land Lukkā berichten, ist der Inhalt der unvollständigen Inschrift von Köylütolu noch nicht sicher geklärt.

Abb. 89 Köylütoluyayla. Eine Vertiefung von undefinierter Bedeutung auf der Rückseite.

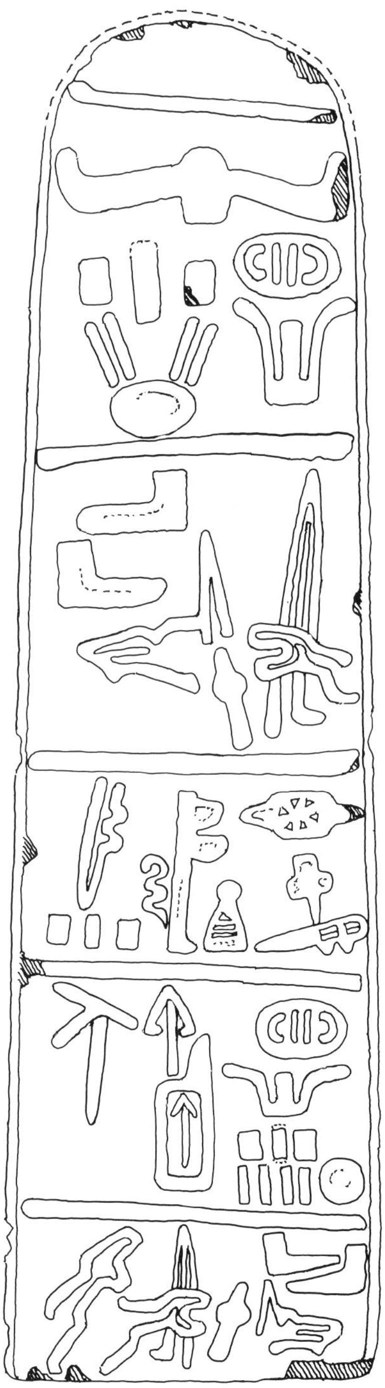

Abb. 90 Die erst 1999 bei dem Dorf Çay an der Westgrenze des hethitischen Gebietes ausgegrabene Stele, jetzt im Archäologischen Museum in Afyon. Ein Prinz hat sie dem Wettergott nach der Eroberung der Stadt/des Landes «X» gewidmet.

Wenngleich der Name des Großkönigs Tudḫaliya III. in der fragmentarisch erhaltenen Inschrift nicht genannt ist, wird diese wohl in die Zeit dieses Königs gehören.

Zunächst läßt sich – gestützt auf F. Starkes Mitteilungen[64] – heute nur folgendes sagen: Der Block bietet einen Ausschnitt aus einer längeren, mindestens drei Blöcke umfassenden Inschrift. Der erhaltene noch nicht voll verständliche Teil handelt anscheinend von einer, auch künftige Generationen betreffenden Verfügung des hethitischen Großkönigs, sehr wahrscheinlich Tudḫalijas III., über die vorerst nicht lokalisierbare Stadt Tatara/ima. In diesem Zusammenhang wird der Prinz Sauskakurunti genannt, der die Amtsbezeichnung «Palastbediensteter» und eine weitere, noch nicht vollständig zu deutende Amtsbezeichnung («Herr des ...») führt. Derselbe Prinz ist namentlich auch auf mehreren Siegeln bezeugt[65], die als Amtsbezeichnung ebenfalls «Palastbediensteter» sowie ferner «Großer der Schreiber» angeben. Letztere weist ihn als Mitglied der Reichsregierung aus.[66]

Auf die Inschrift eines Großkönigs weisen IUDEX+*la* (*labarna*) in Zeile 1 und MAGNUS REX («Großkönig») in Zeile 2 hin. Klar gelesen sind in der dritten Zeile die Zeichen des Namens und des Titels des Prinzen:

Sà+us-ka-CERVUS$_2$-*ti* REX+FILIUS REGIA FILIUS
*283 DOMINUS
«Sauskakurunti, Prinz, Palastbediensteter, Herr des ...»

Stele eines Prinzen im Archäologischen Museum in Afyon

Nachdem die Behörden im Februar 1999 durch einen Zeitungsartikel über den Raub einer Stele mit hieroglyphischer Inschrift nahe der Ostgrenze der Provinz Afyon informiert und alarmiert worden waren und nach Untersuchungen durch das Archäologische Museum in Afyon, wurde das Objekt sichergestellt und sein Fundort lokalisiert.[67] Sodann wurde die Stele zusammen mit einem Sarkophag und verschiedenen anderen römerzeitlichen Artefakten – alle von dem gleichen Fundort stammend – nach Afyon ins Museum verbracht. Nachdenklich nimmt man den zunächst von dem Bauern genannten Namen des Feldes, aus dem die Funde geborgen sein sollen, zur Kenntnis: «Deveyolu» (Kamelweg). Später wurde dann der Name einer anderen benachbarten Gemarkung genannt.

Die Stele war als Bauteil in ein durch Raubgrabung zerstörtes römisches Erdbauwerk eingefügt worden, lag somit nicht mehr an ihrem ursprünglichen Standort (Abb. 90). Ihre Höhe beträgt 2 m, die Breite 0,48 – 0,59 m und die Dicke 0,26 – 0,235 m und das rechnerische Gewicht des Granitblocks mehr als 800 kg. Die gut erhaltenen, großreichszeitlichen Schriftzeichen sind in sehr plastischem Relief ausgeführt und durch waagerechte, reliefierte Trennstege in Zeilen gegliedert. Ein erhabens, glattes Profil umrahmt das gesamte Schriftfeld. Die Schriftzeichen beginnen unter der Flügelsonne in der rechten Ecke des oberen Zeilenfeldes nach links, sind wechselseitig zu lesen (*boustrophedon*) und enden somit unten links. Eine Bearbeitung der Inschrift erfolgte durch S. Şahin und R. Tekeoğlu.

Die Inschrift der Stele besteht aus zwei Sätzen, deren Lesung und Interpretation noch mit einer Reihe von Problemen behaftet ist (Starke, Mitt. v. 11. 10. 2004). Der erste Satz handelt von der Eroberung eines Ortes oder eines Landes durch einen Prinzen. Sowohl der ganz logographisch geschriebene Name des Prinzen (PES$_2$.PES-VITELLUS.*285) wie auch der betreffende geographische Name lassen sich vorerst nicht eindeutig identifizieren. Der zweite Satz berichtet dann davon, daß der genannte Prinz für den Wettergott eine Stele errichtet hat. Ebenso bleibt vorerst unklar, in welcher Beziehung die über der Inschrift stehende Flügelsonne (SOL$_2$) zum übrigen Text steht.

Die wichtigste, wenngleich auch vorerst ebenfalls nicht eindeutig zu beantwortende Frage, die von dieser Stele aufgeworfen wird, ist die nach ihrer möglichen Datierung. Ist die Stele noch großreichszeitlich oder später, ins 12. Jh. v. Chr. anzusetzen? Starke (Mitt. v. 11. 10. 2004) neigt eher zu der zweiten Möglichkeit, weil diese Prinzeninschrift von ihrem Kontext her eigentlich nicht in die Großreichszeit paßt und auch das Erscheinen der Flügelsonne hier ungewöhnlich ist.

Westlich von Ilgin öffnet sich bald die Akşehir Ovası und die Landschaft an den Seen, in der sich der Fundort der Stele befinden mag. Trifft diese Annahme zu, und sieht man von dem ungewissen Befund in Beyköy (s. Kap. S. 35 ff.) ab, dann wäre das der (derzeit) westlichste Platz am Rande des hethitischen Kernlandes, an dem hethitische Zeugnisse angetroffen wurden. In dieser Gegend – an dem alten Weg nach Westen oder in seiner Nähe – sind mehrere hethitische Zeugnisse aus der Großreichszeit erhalten: Östlich von Ilgin der Inschriftstein von Köylütolu (s. o.), nördlich davon die Inschriften an dem Becken von Yalburt (s. Kap. S. 37 ff.), sodann 3 km nordwestlich von Köylütolu die Ruine eines etwa 200 m langen, wohl auch hethitischen Staudammes und bei Zaferiye/Bulasan nahe Ilgin ein 900 m langer, 25–30 m hoher (!) Staudamm («Köylütoludamm» genannt und Fundort des Inschriftsteins?), von dem A. M. Dinçol u. a. (K. Emre 1993 zitierend) berichten.[68] Ferner wird dort die Hügelburg bei Zaferiye als Beispiel typisch hethitischer Steinarchitektur und hier aufgelesene Keramik des 2. Jts. v. Chr. genannt.

KARAKUYU – TUDḪALIJAS III. INSCHRIFT AM STAUBECKEN

Von dem hethitischen Großkönig Tudḫalija III. (ca. 1240–1215 v. Chr.) berichten zahlreiche Schriftzeugnisse; der Name und die Titulatur dieses Königs sind auch in mehreren Felsreliefs und Felsinschriften erhalten geblieben (vgl. Yazılıkaya, Yalburt). Ein besonders gut erhaltener Beleg ist eine Steinplatte, die von dem Auslaufbauwerk eines flachen Staubeckens bei dem Dorf Karakuyu (Schwarzer Brunnen) stammt. Das Dorf liegt nördlich eines flachen Passes, des Ziyarettepesi Gecidi (1900 m), wo sich die alte Straße von Kayseri nach Malatya um den Nordfuß des 2719 m hohen Göltepe windet. Das etwa 200 m breite Staubecken wird auf drei Seiten von einem mit Steinpflaster belegten, niedrigen Damm gebildet und läuft im Süden, an der vierten Seite, flach aus. Hier münden auch von Süden her zwei Zuflüsse ein, die wohl nur in der Zeit starker Niederschläge und während der Schneeschmelze Wasser führen. Im nördlichen Damm liegt der Ablauf, zu dessen Werksteineinfassung die Inschriftplatte und eine zweite mit unvollendeter Schrift gehörten (Abb. 91). Heute befindet sich die 1,88 m x 0,96 m große, ca. 0,25 m dicke Steinplatte im Museum von Kayseri (Abb. 92). Wie I. J. Gelb ausführte, zeigt der Vergleich mit einer alten Photographie, daß ein unterer, etwa 0,40 m hoher, unbeschrifteter Streifen des Werkstückes «Karakuyu I» bis hart an die untere Schriftzeile seinerzeit zur Erleichterung des Abtransportes abgeschlagen wurde.[69] Der erste Bericht über das Staubecken von Karakuyu stammt von H. H. von der Osten.[70] Wegen der besonders gut erhaltenen, auch in anderen Inschriften vorkommenden luwischen Hieroglyphenzeichen dieser Tafel sollen die wichtigsten Zeichen näher beschrieben werden:

Das zweizeilige Schriftfeld ist nicht – wie in Yalburt – durch einen exakt geführten Rahmen eingefaßt. Plastisch erheben sich die Schriftzeichen aus dem vertieften Reliefgrund, und ein waagerechter Steg trennt die beiden Schriftzeilen voneinander (Abb. 92). Die zentral-symmetrisch gestaltete obere Zeile wird von der Aedicula des Großkönigs Tudḫalija III. gebildet, deren Einzelheiten bereits bei dem großen Königsrelief in Yazılıkaya (s. Kap. S. 14 ff.) beschrieben wurden:

SOL$_2$
HEROS MAGNUS REX IUDEX+*la* ^{MONS}*Tu* IUDEX+*la* MAGNUS REX HEROS

Auffällig ist, daß die beiden äußeren Zeichen HEROS, übereinstimmend mit der zentrierten, axialen Gestaltung der Aedicula, antithetisch gesetzt sind und daß sich ganz links außen als abgekürzte Genealogie die Ligatur ḪATTUSA+*li* (= Ḫattusili, Vater des Tudḫalija) anschließt, zu deren Vollständigkeit die hier nicht vorhandenen Zeichen MAGNUS REX HEROS FILIUS zu ergänzen wären. Auch in der Umarmungsszene in der Kammer B in Yazılıkaya steht außerhalb der Aedicula, dort aber rechts neben dieser, das Zeichen HEROS.

Die untere, rechtsläufig zu lesende Zeile beginnt mit drei gleichen oberen Zeichen, den Zeichen MONS («Berg»), unter denen jeweils die Namen der als Schutzgötter aufgeführten Berge genannt sind. Die Zeile lautet:

$^{\mathrm{MONS.Á}}$SARPA ^{MONS}*x-u̯a/i-tá* ^{MONS}*Su-na+ra/i* VITELLUS. *285
ḪATTUSA$^{\mathrm{URBS+MONS}}$*Tu* x.PURUS.x REL-*i/ia-pa*[

Unklar ist, ob im Ausdruck ḪATTUSA$^{\mathrm{URBS+MONS}}$*Tu* «Tudḫalija von Ḫattusa» ^{MONS}*Tu* für den König oder für den gleichnamigen Berg steht.[71]

Die Datierung der Inschrift und wohl auch des Staubeckens in die Regierungszeit des Großkönigs Tudḫalija III. (ca. 1240–1215 v. Chr.), in der auch das Bassin von Yalburt (s. Kap. S. 37 ff.) und wahrscheinlich auch das von Eflatunpınar (s. Kap. S. 50 ff.) errichtet wurden, ist gesichert. In 2 km Entfernung von Karakuyu

Abb. 91 Karakuyu. Die Reste des Auslaufbauwerkes am Staubecken.

Abb. 92 Karakuyu. Die Inschrift vom Auslaufbecken mit der Aedicula des Großkönigs Tudḫalija III. (Museum Kayseri). (Vgl. Abb. 45. 47).

sind zudem zwei hieroglyphen-luwische Inschriften mit den Namenszeichen dieses Königs und seines Vaters Ḫattusili II. entdeckt worden.[72]

EFLATUNPINAR – GÖTTERBILDER AM WASSERRESERVOIR

Das wunderbare Landschaftsbild am Beyşehir-See wird von dem das Westufer überragenden Gebirgszug der Dedegöl Dağları geprägt, dessen höchster Gipfel, der 2980 m hohe Dipoyraz, auch im Sommer schneebedeckt ist (Abb. 93). In der Hügellandschaft östlich des Sees liegt in einer Mulde, an deren Rand mehrere Quellen austreten, das Quellheiligtum von Eflatunpınar, das bereits 1837 von W. J. Hamilton entdeckt wurde. Ein flacher, aufgestauter Teich hält das reichlich sprudelnde Wasser zurück, das dann ein kleiner Bach dem 16 km westlich liegenden Ufer des Beyşehir-Sees zuführt. Seit der Entdeckung wurde der Ort häufig besucht, beschrieben und unterschiedlich gedeutet. Bis zum Jahre 1999 ragte die aus monolithischen Blöcken mit plastischen Reliefs gestaltete Fassade eines 7 m langen Bauwerks 4,20 m hoch aus dem Wasserspiegel ca. 34 x 30 m heraus (Abb. 94. 96). Später wurden nach der Trockenlegung des Quellbeckens im Zuge der archäologischen Untersuchung durch die Selçuk Universität Konya die wahre Größe und Form der nun etwa 6 m hohen Reliefwand erkennbar (Abb. 95. 97).

In der untersten Zone sieht man seitdem fünf durch Kleidung und Haltung eindeutig als Berggötter zu erkennende, frontal dargestellte Gestalten mit den aus aufwärts gerichteten Kegeln bestehenden Röcken, vor der Brust zusammengehaltenen Händen und hohen Hüten, an denen zum Teil die Randwülste und Reste von «Knubben», angedeuteten Hörnern, zu erkennen sind. Die lange Konservierung unter Wasser hat zahlreiche Details – bei den drei linken Berggöttern sogar die bei den meisten anderen Reliefs durch Witterung oder andere Zerstörung verlorenen Gesichter – ausgezeichnet bewahrt (Abb. 97). In den Röcken der Berggötter befinden sich elf regelmäßig angeordnete Löcher, die mit einem hinter der Front verlaufenden, wasserführenden Kanal verbunden sind.[73] Frühere Wissenschaftler konnten bestenfalls nur fünf kaum aus dem Wasser ragende «Kegel» bemerken, diese jedoch nicht als die obersten Spitzen der Götterhüte erkennen. Deshalb gab es bisher nur unzutreffende Annahmen, Vergleiche und Vermutungen über deren Bedeutung und ebenso über die Gründung der tragenden Pfeiler der Fassade (Abb. 94).[74] Beiderseits sind die beiden äußeren Gestalten jeweils auf einem gemeinsamen Block ausgeführt und von der mittleren Figur durch ein leeres, in der Ebene des Reliefgrundes liegendes Feld aus zwei Quadern und einer darüber auskragenden Konsole getrennt (Abb. 97). Die so begonnene Gliederung in insgesamt sieben vertikale Zonen wird dann auch bei den darüber ausgeführten Reliefs beibehalten. Auf den beiderseits äußeren, je ein Götterpaar tragenden Blöcken setzen zwei ungleich breite Pfeiler aus zwei übereinander stehenden reliefierten Blöcken auf. In gleicher Weise ist der zentrale Pfeiler konstruiert und gestaltet, so daß (von links) die Zonen 1, 2, 4, 6 und 7 das tragende, aus tiefen Werkstücken errichtete Gerüst der Fassade bilden. Auf den Pfeilern 2, 4 und 6 liegt ein mit zwei Flügelsonnen gestalteter Durchlaufträger, die Pfeiler 2 und 6 haben die Breite einer Schwinge. Der Mittelpfeiler 4 ist wegen der beiden sich darüber berührenden Schwingen oben doppelt so breit, während er nach unten schmaler wird, um an seiner Unterkante den regelmäßigen Breiten der Berggötter zu entsprechen. Die ganze Fassadenlänge (7 m!) überdeckt ein einziger, mächtiger Block, auf dem wiederum eine Flügelsonne abgebildet ist.

Die ausgezeichnete Konstruktion des Tragwerks ist gewiß ein wichtiger Grund für den sonst selten anzutreffenden, guten Erhaltungszustand dieses Quaderbaus, wobei den starken, verbindenden Horizontalgliedern über «weichen» Pfeilern in einer durch Erdbeben gefährdeten Region besondere Bedeutung zukommt (vgl. Abb. 98). Auch eine massige Verfüllung des Bauwerks aus Steinen und/oder Erde wird sich – verglichen mit einem von schlanken Wänden gebildeten Hohlkörper – stabilisierend ausgewirkt haben (s. u.).

Auf den vorkragenden Konsolen in der Höhe der Köpfe der Berggötter sind in den Zonen 3 und 5 hohe, bis unter die Flügelsonnen hinaufreichende, nicht tragende Platten von geringerer Dicke eingestellt, deren Fronten die monumentalen Reliefs zweier thronender Gestalten aufweisen, einer männlichen mit Spitzhut und einer weiblichen mit Radhaube. Hinter den frontal dargestellten Gestalten sieht man die hohen Rückenlehnen des Thrones, und auch die Seitenlehnen zeichnen sich bei der linken deutlicher, bei der rechten noch in Spuren ab (Abb. 95). Die beiden Gestalten wurden unterschiedlich gedeutet: Zwar wurde, als die Berggötter der Sockelzone noch unter Wasser verborgen waren, auch eine propagandistisch motivierte Abbildung des Großkönigspaares Ḫattusili (II.) und Puduḫeba vorgeschlagen[75], doch sehen die meisten Deutungen ein, allerdings unterschiedlich definiertes, Götterpaar.[76] Die unteren geflügelten Sonnenscheiben über den beiden Gestalten und die gewaltige obere, das ganze Bildprogramm des Bauwerks krönende sind die entscheidenden Merkmale für Kohlmeyers auch auf Keilschrifttexte gestützte Definition: Dargestellt sind links der Sonnengott des Himmels und rechts die Sonnengöttin von Arinna. Nur flächig (unfertig?) sind die Flügelsonnen ausgearbeitet, aber mit eingeritzten Sonnenscheiben, aufgebogenen Flügelspitzen und – die beiden unteren – mit einer Basis in der Breite der darunter stehenden Götterbilder. Über dem großen oberen Werkstück fehlt ein weiteres von vermutlich gleicher Länge, das (mindestens) die obere Hälfte der Sonnenscheibe und die Spitzen der aufgebogenen Flügelenden trug. Dieser Stein hätte zusätzlich als stabilisierende Auflast gegen die bei Erdbeben auftretenden Horizontalkräfte gewirkt.

In den insgesamt zehn Bildfeldern der Zonen 1, 2, 4, 6 und 7, d. h. auf allen tragenden Pfeilern, sind Mischwesen abgebildet, sinnfällig alle mit erhobenen (tragenden!) Armen, die teils menschlichen, teils tierischen Unterkörper in Schrittstellung, die Oberkörper frontal dargestellt. In den am besten erhaltenen Reliefs der beiden oberen, äußeren Mischwesen könnte auch für die Köpfe die Profildarstellung anzunehmen sein, wenngleich die Ohren – so wie in anderen Reliefs die Hörner der Stiere – frontal angesetzt sind. Damit würde diese Darstellung der bei hethitischen Reliefs üblichen Wechselseitigkeit entsprechen.

Anders als angesichts der früher über der Wasserfläche sichtbar gewesenen Teile beobachtet werden konnte, muß nun nach der Absenkung des Wasserspiegels für die gesamte Komposition mit einem etwa quadratischen Format gerechnet werden. Beiderseits der Fassade sind in jeweils 3 m Abstand in der Umfassungswand des Quellbeckens die fast vollplastischen Reliefs zweier thronender, frontal dargestellter Göttinnen eingefügt (vgl. Abb. 99), bei denen die Details des Körpers, die Strahlenkränze der Kopfbedeckung, die Ausführung der Armlehnen und der Rückwand des Thrones dem gut erhaltenen, größeren Bild einer weiblichen Gottheit auf der gegenüberliegenden Seite des Beckens (Abb. 101) entsprechen (s. u.).

Bei den Reliefs des Quellbeckens von Eflatunpınar handelt es sich nicht um Felsreliefs im engeren Sinne. An diesem, wegen sei-

Abb. 93 Der Blick nach Westen über den Beyşehir-See mit dem schneebedeckten Gebirgszug der Dedegöl Dağlari.

Abb. 94 Eflatunpınar. Die Relieffassade des Quaderbaus vor Beginn der archäologischen Untersuchung. Noch ist nichts von den Berggöttern zu sehen außer vielleicht die kaum erkennbaren Spitzen ihrer Mützen.

Abb. 95 Eflatunpınar. Die Fassade 2002 nach dem Absenken des Wasserspiegels.

ner reichen Wasserspende in der ganzen Region einmaligen Ort, gab es keine für Reliefs geeigneten Felsen. Diese wurden durch einen gebauten «Architekturprospekt» ersetzt. Weder an diesem Quaderbau noch in den übrigen, inzwischen freigelegten Teilen des Quellheiligtums sind – soweit bekannt ist – Inschriften oder andere genaue Hinweise auf die Entstehungszeit gefunden worden. Deshalb kann Bittels Fazit von 1953 noch immer als zutreffend angesehen werden:

«Eine präzise Datierung ist nicht möglich und wird vielleicht immer unmöglich bleiben. Aber daß man ein in allen Einzelheiten typisch hethitisches Werk vor sich hat, wird niemand mehr bezweifeln, und zwar ein Werk, das nach Ausweis der Quaderbehandlung [...] wahrscheinlich einer späteren Phase des «Großreiches» zuzuweisen ist. [...] Die Fassade fügt sich auch als Ganzes vollkommen in diese Zeit [14. und 13. Jh. v. Chr.] Ihre symmetrische Ordnung läßt den gleichen «heraldischen» Zug erkennen, wie er uns in den Kartuschen der Großkönige begegnet, [...], wo eben dieser Neigung folgend Zeichen doppelt wiedergegeben sind, obwohl das für die Lesbarkeit der Kartusche belanglos war. Das Streben nach Symmetrie waltet in Eflâtun-Pınar aber bis in den Fugenschnitt der einzelnen Quader, wobei die rechte Hälfte der linken vollkommen entspricht, die mittleren Steine ebenso betont eine zentrale Stellung einnehmen. Alles ist vorzüglich gegenseitig abgestimmt und mit einfachen Mitteln zu einem geschlossenen Bilde vereinigt. Es ist nicht nur der beste hethitische Quaderbau, den man kennt, sondern, anders als in Yazılıkaya mit seiner einfachen Reihung, auch in der Bildkomposition von einer Ausdruckskraft, die fast vergessen lassen könnte, daß die Deutung im einzelnen nach wie vor ein dringendes Anliegen bleiben muß.»[77]

Während der noch andauernden archäologische Untersuchung wurden die originalen Umfassungswände des Beckens aufgedeckt, das sich nun als exakt gefaßte, quadratische Anlage darstellt. Auf der dem Quaderbau gegenüber liegenden Südseite traten die Grundmauern eines weiteren, rechteckigen, in die Wasserfläche vorspringenden Bauwerks hervor (Abb. 99). Mitten in seiner wasserseitigen Wand steht das große, fast vollplastische, nach Norden auf das Hauptrelief gerichtete Relief einer thronenden Göttin als Teil eines Götterpaares (Abb. 100. 101). Von dem zugehörigen männlichen Gott ist nur wenig erhalten. Sehr gut erkennbar sind Details der weiblichen Gottheit, besonders der scheibenförmige Strahlenkranz ihrer Kopfbedeckung, aber ebenso die Details des Körpers und des Thrones mit Seitenwangen und die hohe Rückwand. Diesem Bild der Sonnengöttin wird auch ihr stärker beschädigtes Relief in der gegenüber liegenden Hauptfassade entsprochen haben.

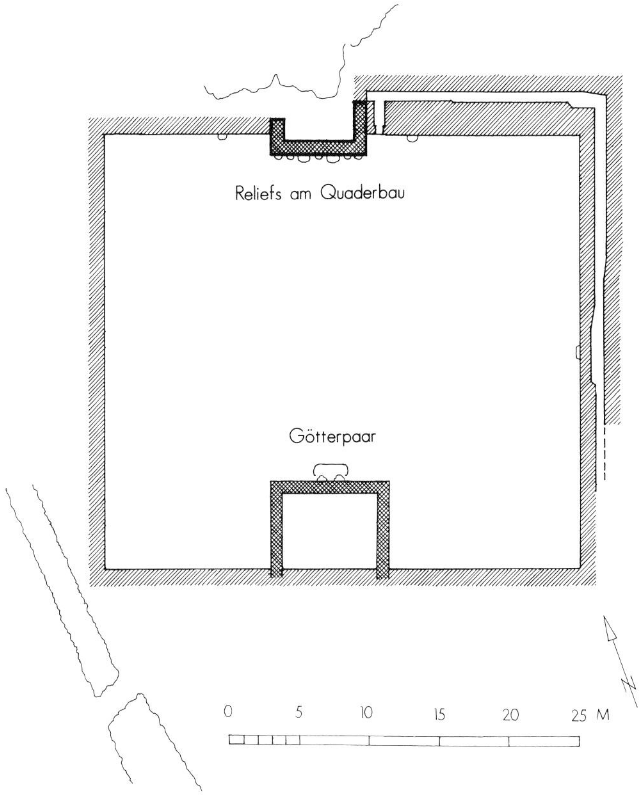

Abb. 96 Eflatunpınar. Plan des Beckens.

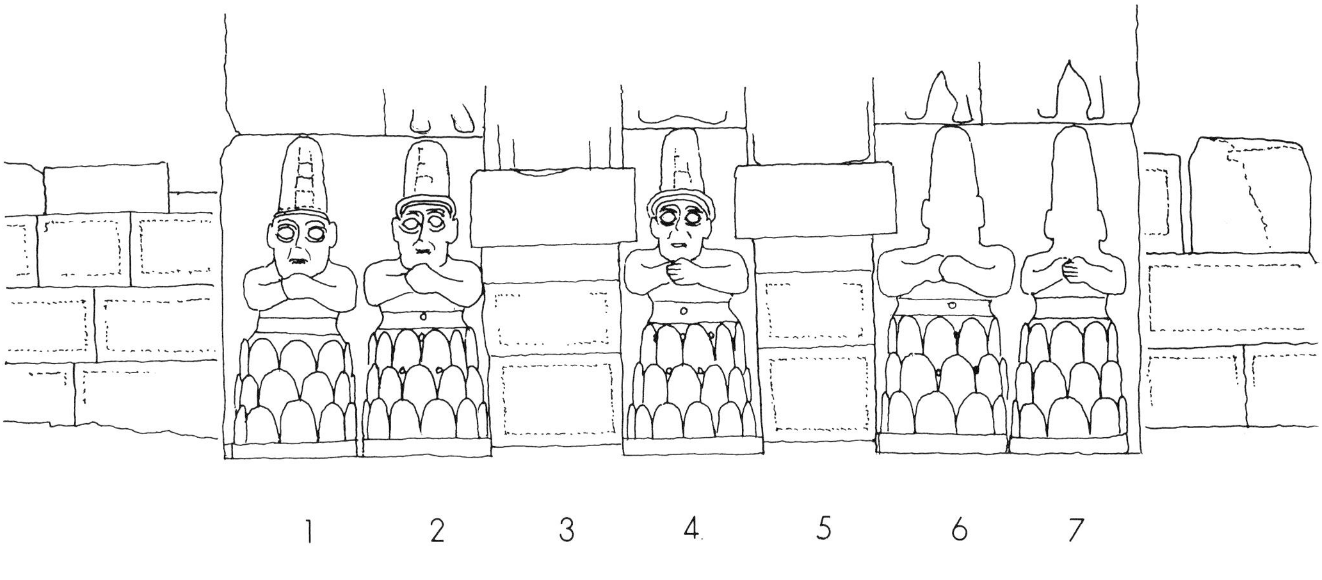

Abb. 97 Eflatunpınar. Zeichnung der vollständig sichtbaren Berggötter, eingeteilt in vertikale Zonen.

Abb. 98 Eflatunpınar. Der Quaderbau von hinten.

Abb. 99 Eflatunpınar. Das ganze Becken von Süden, im Vordergrund das Südbauwerk. In die seitlichen Flügelmauern des Quaderbaus sind Statuen thronender Göttinnen eingefügt.

Abb. 100 Eflatunpınar. Ansicht der Front des Südbaus, darin wieder eine thronende Göttin.

Nahe dem Ablauf in der Südwestecke des Beckens war in Sturzlage eine mächtige Steinplatte erhalten, deren Bedeutung erst erkennbar wurde, nachdem die Ausgräber der Selçuk-Universität Konya jüngst das schwere Werkstück aufgerichtet und neu fundiert hatten. Aus der Platte treten nun nebeneinander die Vorderteile der Körper dreier gewaltiger Stiere plastisch hervor (Abb. 102. 103). Die früher in der sauber bearbeiteten, ebenen Rückseite der Steinplatte – das war in der Sturzlage deren Oberfläche – beobachteten, sauber gearbeiteten Vertiefungen mögen aus der Zweitverwendung des gestürzten Werkstückes am Ablauf des Quellbeckens stammen.

Die thronenden Götterbilder am Becken von Eflatunpınar geben auch eine Vorstellungshilfe für die gedankliche Ergänzung des Restes einer ursprünglich gewaltigen Statue, von der nur noch das Fragment des Thrones in Sturzlage hinter dem Quaderbau vorhanden ist (Abb. 104. 105). Noch erkennt man die seit-

Abb. 101 Eflatunpınar. Die Göttin mit Strahlenkranz in der Front des Südbauwerks.

Abb. 102 Eflatunpınar. Drei Stierskulpturen an dem wieder aufgerichteten, mächtigen Werkstück beim Ablauf des Beckens.

Abb. 103 Eflatunpınar. Seitenansicht des Werkstücks mit den Stierskulpturen.

lichen Thronwangen und zwischen ihnen den Block des Sitzes. Die Frage nach dem ursprünglichen Standort der monumentalen Plastik ist zum Gegenstand verschiedener Hypothesen geworden, die zu keinem überzeugenden Ergebnis geführt haben.[78] Es darf wohl angenommen werden, daß das schwere Fragment noch heute nicht weit von der Stelle liegt, von der es einst gestürzt ist. Nicht nur aus maßstäblichen Gründen ist auszuschließen, daß es vorne auf der Wasserfront des Bauwerks über der großen Flügelsonne angeordnet war, denn diese wird nur krönendes Symbol gewesen sein, nicht aber Basis weiterer Skulpturen. Daß eine gemeinsame Komposition mit der riesigen Frontalstatue von Fasıllar (s. Kap. S. 57 ff.) nicht in Betracht kommen kann, hat Kohlmeyer durch seinen maßstäblichen zeichnerischen Vergleich der Größen der beiden Bildwerke gezeigt.[79] Gut nachvollziehbar sind die Vorstellungen Börker-Klähns über die frühere Gestalt des Quaderbaus und seine Funktion als (wahrscheinlich verfüllter, nicht räumlich genutzter) Terrassenkörper, auf dessen Hinterkante der abgestürzte Thron (s. o.) plaziert war. Sie nimmt eine frühere Verlängerung der abgebrochenen Seitenwände bis kurz vor die Sturzlage des Thronfragmentes an, wo eine Querwand den Terrassenkörper geschlossen haben muß.[80] Die überzeugende Annahme Naumanns, daß der schwere Steinblock noch heute dort liegt, wo er einst abgestürzt ist, paßt dazu gut.

An die Weiterführung der archäologischen Feldarbeit und die dann folgende Publikation können große Erwartungen geknüpft werden. Das mag ein Zitat aus dem kurzen Bericht von K. Emre im Ausstellungskatalog *Die Hethiter und ihr Reich* andeuten:

«In der Mitte der rechten Beckenwand befindet sich ein Re-

Abb. 104 Eflatunpınar. Hinter dem Quaderbau liegt das gestürzte Fragment eines monumentalen Statuenthrones, dessen Seiten Reliefs von Löwen aufwiesen.

liefblock mit zwei Figuren, deren oberer Teil abgebrochen ist. Es konnte noch nicht geklärt werden, ob es symmetrisch dazu an der gegenüberliegenden Wand auch ein Relief gibt. Ungeklärt sind auch die ursprünglichen Standorte zweier Statuen von Stieren, die auf ihren Läufen sitzen und deren Köpfe abgebrochen sind, sowie die Herkunft eines Blocks, der zu dem Oberteil eines Berggottes mit übereinandergelegten Händen und einem Loch im Bauchbereich gehört. Mit den Arbeiten im Jahr 2000 hat sich die Zahl der kopflosen Stierstatuen auf zwölf erhöht [. . .].»[81]

FASILLAR – EINE FAST VOLLPLASTISCHE, MONUMENTALE STELE

Im Hügelland der westlichen Vorberge des bis 2334 m hohen Erenler-Gebirges (Seher- oder Heiligen-Gebirges), das die Senke des Beyşehir-Sees von der Konya-Ebene trennt, liegt 20 km östlich des südlichen Seeufers das Dörfchen Fasıllar. Die Landschaft gehörte wohl in hethitischer Zeit zum Land Ḫulaya, das vor allem die Ebene des heutigen Çarşambasuyu umfaßte und im 13. Jh. v. Chr. einen Teil der Sekundogenitur Tarḫuntassa bildete.[82] In einem Tal oberhalb des Dorfes liegt am Hang eine fast vollplastische, 7,30 m hohe, monumentale Stele auf dem Rücken (Abb. 106). Der Platz vermittelt den Eindruck, als wäre das Bildwerk bei einem unterbrochenen Transport zufällig hier liegen geblieben. Dafür spricht auch, daß die Details des Hochreliefs noch in Werkbossen stehen; sie sollten, wie üblich, offenbar erst am endgültigen Bestimmungsort ausgearbeitet werden. Hinweise auf

Abb. 105 Eflatunpınar. Das Thronfragment (Abb. 104) schräg von oben.

Abb. 106 Fasıllar. Die monumentale Stele in situ.

Abb. 107 Fasıllar. Detail des Gottes, noch unfertige Ausarbeitung vor dem Transport.

Abb. 108 Fasıllar. Detail der ebenfalls unfertigen Trägerfigur des Berggottes.

den Verwendungsort und auf eine Datierung fehlen, doch weisen die Einzelheiten der Gestaltung eindeutig auf eine Entstehung in der Großreichszeit hin. Die Stele wurde 1884 von einem amerikanischen Reisenden entdeckt.

In der bei hethitischen Felsreliefs selten anzutreffenden, frontalen Darstellung ist ein Gott abgebildet, der mit seinem linken Fuß auf einem kleineren Berggott steht. Neben diesem sind beiderseits zwei Löwen ausgearbeitet. Der große Gott trägt eine hohe, mit vier stilisierten Hörnern ausgestattete, oben abgerundete Spitzmütze. Trotz der noch unfertigen Detailbearbeitung zeichnen sich die Einzelheiten der Kopfbedeckung, des bartlosen Gesichtes mit großen Augen und gewölbten Brauen sowie der mit Ohrschmuck verzierten Ohren eindrucksvoll ab (Abb. 107). Den rechten Arm hat der Gott erhoben, während vom vorgestreckten linken nur der handlose Stumpf vorhanden ist. Weil möglicherweise der Rohling des Werkstückes die erforderliche Dicke nicht besaß, hätte die Hand später angesetzt werden müssen.

Der kleinere, bärtige Berggott wird durch die Haltung seiner Arme vor der Brust, seine stilisierte Hörnermütze und seinen bodenlangen Rock, unter dem keine Füße erscheinen, als solcher ausgewiesen (Abb. 108), obwohl der Rock die sonst bei den Röcken der Berggötter meist dargestellten, kegelförmigen Ornamente (noch?) nicht aufweist.

Im Hof des Archäologischen Museums Ankara ist ein Abguß der Fasıllar-Stele errichtet worden, der einen guten Eindruck von der vorgesehenen Monumentalität des noch unfertigen Bildwerkes vermittelt (Abb. 109). Spätestens hier wird der Betrachter erkennen, daß eine Einfügung gleich welcher Anordnung in die Komposition des Quaderbaus am Becken von Eflatunpınar, die früher von einigen Wissenschaftlern vorgeschlagen wurde, so undenkbar ist, wie sie Kohlmeyer durch zeichnerischen Größenvergleich ausgeschlossen hat.

FIRAKTIN – KÖNIGSPAAR BRINGT GÖTTERN TRANKOPFER

Die südliche Begrenzung der durchschnittlich auf 1000 m über Meereshöhe liegenden inneranatolischen Hochebene wird von den gewaltigen, bis fast 4000 m Höhe aufragenden Gebirgsketten des mittleren Taurus gebildet. Dem östlichen Teil des Gebirges vorgelagert scheinen die schneebedeckten Gipfelpyramiden mehrerer vulkanischer Einzelmassive majestätisch über der im Sonnenlicht flimmernden Steppenlandschaft zu schweben.

Am Ostrand Kappadokiens, wo die von Westen kommenden alten Handelswege auf die vom Halys zur Kilikischen Pforte führenden Nord-Süd-Wege treffen, öffnet sich westlich des Ortes Develi auf etwa 1200 m Höhe ein parallel zum Tauruskamm ostwärts ziehendes Hochtal. Die weite Mündung dieses Tales wird von zwei mächtigen Gebirgsstöcken flankiert, dem 3917 m hohen Erciyes Dağı im Norden (Abb. 110) und dem im südlich gelegenen, im Aladağ bis auf 3756 m ansteigenden Antitaurus. Durch dieses Tal verläuft ein in der Antike sehr wichtig gewesener, alter Weg nach Kilikien und weiter nach Syrien, der auf zwei ganzjährig passierbaren Pässen, dem Gezbel (1960 m) und dem Küçük Gezbeli (1690 m) das Gebirge überquert. Gleich ostwärts von Develi steigt der Weg über eine etwa 100 m hohe Geländestufe an, die sich von den Ausläufern des Erciyes Dağı am nördlichen Talrand bis an den Abhang des 2074 m hohen Develi Dağı im Süden erstreckt. Diese Stufe bildet einen Damm, der den vom Schmelzwasser gespeisten Flüssen und Bächen des Tales den Abfluß in das westlich nahe gelegene Becken des Yaygölü verwehrt. Infolge der davon verursachten Anschwemmungen wurde das mittlere Tal zu einem fruchtbaren, durch Ackerbau genutzten, geschlossenen Landschaftsraum, dessen Ränder von den Ausläufern des Gebirges tief gegliedert werden. Auf den höher gelegenen Yaylas (Bergweiden) grasen die Herden und stehen bisweilen noch die schwarzen Nomadenzelte der Hirten. Der von weither aus den nördlichen Bergen kommende Zamantı Irmağı sammelt die Gewässer dieses Tales und führt sie durch die engen Schluchten des unwegsamen Antitaurus nach Süden in den Seyhan Nehri, den antiken Saros, und über diesen bei Adana in das mehr als 200 km Luftlinie entfernte Mittelmeer.

An den Rändern dieses Tales und in Seitentälern sind in dort zutage tretenden Felsen zwischen 1880 und 1939 fünf großreichszeitliche Reliefs in einer – außer in Yazılıkaya – anderenorts nicht anzutreffenden Häufung entdeckt worden. Es sind dies die nun zu behandelnden Felsreliefs von Fıraktın, Taşçı A und B, Imamkulu und Hanyeri (Abb. 110–147).

Etwa 25 km südöstlich von Develi ändert der bis dahin von Ost nach West durch das Tal fließende Zamantı Irmağı seinen Lauf mit einem scharfen Bogen nach Süden auf das Gebirge zu. Von Norden her mündet hier ein kleiner Nebenfluß ein, an dessen Ufer das Dorf Fıraktın liegt. Das Ostufer jenes Enzel Dere genannten Nebenflusses wird von den 6–8 m hohen, senkrechten Flächen

Abb. 109 Fasıllar. Der aufgerichtete Abguß im Hof des Archäologischen Museums Ankara zeigt die gewaltige Größe des Denkmals.

Abb. 110 Fıraktın. Die mächtige Pyramide des 3917 m hohen Erciyes Dağı beherrscht das Tal. Der hieroglyphen-luwische Name des Bergmassivs lautet: arijattis Ḫarḫarrajis – «der Schneeweiße Berg».

Abb. 111 Fıraktın. Die Felsstufe, in der das Relief ausgearbeitet ist (vgl. Abb. 112).

Abb. 112 Fıraktın. Das ganze, dreiteilige Relief.

des Abbruchrandes eines höher liegenden Plateaus begleitet. Hier liegt in einer geglätteten Fläche des Trachytfelsens, 1,75 m über dem Vorgelände das Relief von Fıraktın, das für die Wissenschaft 1880 entdeckt und 1893 erstmalig publiziert wurde (Abb. 112).[83] Es ist nach Nordwesten (322°) gerichtet, auf die gewaltige, das Tal beherrschende Pyramide des Erciyes Dağı, der im klassischen Altertum *mons Argaius* oder Ἀργαῖον ὄρος genannt wurde (Abb. 110). Sein hieroglyphen-luwischer Name lautet: *arijattis Ḫarḫarrajis* «der Schneeweiße Berg».[84] Den Hethitern galten die Berge als göttliche Wesen und zugleich als Sitz der kultisch verehrten Wettergötter; ihre Bedeutung beschrieb V. Haas treffend:

«Die Berge sind selbst Wesen voller dynamischer Kraft und nicht nur statisch Schauplatz und Kulisse der Götter- und Dämonenkämpfe oder die Wohnstätte der überirdischen Mächte. Der Berggott ist das vitale Prinzip, das das Leben des Berges beseelt. Die kultische Verehrung der Berggötter und Bergherrscher [. . .] nahm im Staatskult von Hattusa einen bedeutenden Platz ein.»[85]

Unverkennbar ist die enge Beziehung des Felsreliefs von Fıraktın zu dem vergöttlichten Berg. Die kultische Funktion wird auch dadurch deutlich, daß in der ebenen Felsfläche des Plateaus oberhalb des Reliefs 6 Gruben ausgehauen sind, deren ungewöhnlich große Durchmesser (bis 45 cm) und Tiefen (bis 70 cm) zwar erheblich von den Abmessungen sonst bekannter Schalengruben abweichen, die aber dennoch als Opfergruben angesehen werden können.

Das Relief besteht aus einem 3 m langen, 1–1,05 m hohen, in zwei Szenen aufgeteilten Bildfeld und einem rechts daran anschließenden, 1,25 m langen und bis 0,53 m hohen Inschriftenteil (Abb. 112). In der linken, 1,42 m langen Bildszene des Reliefs steht rechts der nach links gewandte Großkönig Ḫattusili II., dessen Titel und Name (Abb. 114) in luwischen Hieroglyphenzeichen genannt sind:

MAGNUS REX ḪATTUSA+*li* MAGNUS REX
«Großkönig Ḫattusili Großkönig»

Links steht ein nach rechts gewandter Gott, vor dessen Kopf nur das Zeichen des Gottesdeterminativs DEUS sichtbar ist. Wenngleich darunter vor Ort, aber auch auf früheren großen Photographien[86] sichere Spuren eines weiteren Zeichens, das den Namen des Gottes nennt, nicht (mehr?) zu erkennen sind, hält es Kohlmeyer[87] für möglich, daß eine gründliche Reinigung des Reliefs noch Spuren der ausgeglätteten Rinnen, die eradierte, erhabene Zeichen umgeben haben, erbringen müßte. Zwischen den beiden Gestalten steht ein Altar (Abb. 113).

Beide Gestalten sind bartlos und tragen die gleiche Kleidung: Schnabelschuhe und den kurzen Schurzrock mit geschwungenen, durch Rillen verzierten unteren Säumen und senkrechten Tuchkanten sowie ebenfalls durch Rillen markierten Verzierungen der Stoffinnenflächen. Beide tragen das Schwert mit halbmondförmigem Knauf und aufgebogener Scheidenspitze und weisen die

Abb. 113 Fıraktın. Im linken Bildfeld bringt der Großkönig Ḫattusili (II.) dem Wettergott vor dem Altar ein Libationsopfer dar.

Abb. 114 Fıraktın. Der Name des Königs in der Ligaturschreibung ḪATTUSA+*li zwischen den Zeichen «Großkönig».*

stark ausgeprägten, bisweilen als «verzeichnet»[88] klassifizierten Schulterpartien auf, bei denen es sich hier wie an anderen Reliefs wohl ursprünglich um die Wiedergabe der Polsterung des Kriegergewandes gegen Hiebwaffen handeln wird. Sie tragen hohe Spitzhüte mit einem großen Horn an der Vorderseite. Die Gesichtspartien sind detailreich ausgearbeitet.

Der Gott streckt seinen linken Arm, über dessen Hand das beschädigte, einst dreieckige Heilssymbol steht, weit vor. Die Hand des angewinkelten rechten Armes hält den leicht gebogenen Krummstab, das Kalmus. Der König hält in der Hand des vorgestreckten rechten Armes eine (stark beschädigte) Schnabelkanne, aus der er eine Flüssigkeit in ein auf dem Boden stehendes Gefäß gießt. Er vollzieht damit ein Libationsopfer. Mit der Hand des angewinkelten linken Armes hält er den geschulterten, im Oberteil zerstörten Kompositbogen im entspannten Zustand. Besser als bei dem Gott ist das Ohr mit dem großen Ohrschmuck und der untere Randwulst des Spitzhutes erhalten. Auf der Platte des zwischen Gott und König angeordneten Altares steht rechts ein gerillter, kegelförmiger Gegenstand, vielleicht ein Opferbrot. Links hängt von der Altarplatte ein Tuch mit umgebogenem Zipfel herab. Der hohe, unterhalb der Platte eingezogene Unterbau weist feldweise schräg gerillte Verzierungsflächen auf, die wie eine Umwicklung mit Stoffbahnen anmuten, aber auch die von K. Kohlmeyer hier aufgrund von Vergleichen angenommenen Flechtbandverzierungen darstellen können[89], und die auf eine runde Form des Altares hinweisen (vgl. dazu die als Rundkörper erhaltenen Altäre von Emirgazi im Archäologischen Museum Istanbul).

Die rechte, 1,58 m lange Bildszene ist – anders als die linke – nur in genauen Umrissen, ansonsten aber in flächiger Darstellung fast ohne Innenzeichnung ausgearbeitet (Abb. 115). Lediglich das Gesicht der rechten Gestalt weist Ansätze von Details auf. Voll-

Abb. 115 Fıraktın. Im rechten Bildfeld libiert die Großkönigin Puduḫeba vor der Sonnengöttin, die auch hier den Namen Ḫibadu führt (vgl. Abb. 35, 37), allerdings in der abgekürzten Schreibung DEUS *Ḫi.*

Abb. 116 Fıraktın. Das Gottesdeterminativ DEUS*, darunter das Silbenzeichen Ḫi für den Namen der Göttin, deren linke Hand das Heilssymbol hält und deren rechte ein Gefäß trägt.*

Abb. 117 Fıraktın. Name und Titel der Königin Puduḫeba. Links untereinander die vier Silbenzeichen Pu-tu-ḫa-pa des in luwischer Lautform (Puduḫaba) geschriebenen Namens, rechts ihr Titel «Großkönigin» (MAGNUS DOMINA)*.*

Abb. 118 Fıraktın. Das rechte Feld mit der Beischrift «Tochter des Landes Kizzuwadna, geliebt von der Gottheit».

ständig und sorgfältig hingegen sind die Zeichen der Beischriften und auch der gesamte Reliefgrund bearbeitet. Die Komposition entspricht generell der linken Bildszene, jedoch steht hier eine rechts stehende, nach links gewandte Königin libierend einer links thronenden, nach rechts gewandten Göttin gegenüber. Beide Frauengestalten sind durch die wiederum vor ihren Köpfen angeordneten Beischriften benannt. Die Göttin darf man wohl als die Sonnengöttin identifizieren, die zusammen mit dem Wettergott an der Spitze des hethitischen Reichspantheons steht. Sie führt allerdings hier – wie auch in Yazılıkaya – den Namen Ḫibadu, der in abgekürzter Form DEUS*Ḫi* geschrieben ist (Abb. 116) (vgl. Yazılıkaya, Kammer A, Hauptrelief). Die Beischrift der Königin (Abb. 117) nennt mit den vier untereinander stehenden, syllabischen Zeichen den Namen der Königin Puduḫeba, der Gemahlin des Großkönigs Ḫattusili II. in seiner luwischen Lautform und rechts dahinter ihren Titel:

Pu-tu-ḫa-pa MAGNUS DOMINA «Puduḫaba, Großkönigin» wobei das Zeichen für DOMINA, ein Frauenkopf mit der in Seitenansicht dargestellten großen Haube und über dieser die Volute (MAGNUS) besonders gut erhalten sind. Die Radhaube ist auch bei Statuetten hethitischer Göttinnnen belegt[90], und in hethitischen Beschreibungen von Götterbildern wird darauf Bezug genommen mit dem luwischen Adjektiv *ḫubidau̯ant(i)*- «mit Haube versehen». Das noch nicht eigens belegte luwische Wort für «Haube» lautet demnach *ḫubid-*. Es ist im Hethitischen als Lehnwort *ḫubida-* bezeugt.[91]

Trotz des unvollendeten Zustandes der Bearbeitung lassen die exakt geführten Umrisse der beiden weiblichen Gestalten das Erkennen vieler Einzelheiten zu. Beide tragen das übliche bodenlange Gewand der weiblichen Gottheiten und Königinnen, das bei der letzteren in einer langen Schleppe ausläuft, dazu Schnabelschuhe. Bei den kegelförmigen, spitz zulaufenden Kopfbedeckungen handelt es sich, wie inzwischen durchweg angenommen wird, nicht um die von den Königen getragenen hohen Spitzhüte, sondern um die Seitenansichten der für Frauengestalten üblichen Radhauben, die als solche nur in frontaler Darstellung – wie zum Beispiel in Eflatunpınar – erscheinen. Die auf einem blockartigen Thron sitzende Göttin hält in der Hand des vorgestreckten rechten Armes ein Gefäß und – analog zum Gott im linken Bildfeld – in der linken Hand das kegelförmige Heilssymbol. Die Königin Puduḫeba hat die geöffnete Hand des angewinkelten linken Armes, dessen Ansatz für den Ellbogen man an der Unterkante erkennen kann, vor den Mund erhoben. Dieser Gestus, der in mehreren Felsreliefs zu beobachten ist, entspricht dem Wortzeichen EGO «ich» in der luwischen Hieroglyphenschrift. Wohl aus der Beuge dieses Armes hängt ein Schal des Gewandes hinunter bis zum vorgestellten, gewiß linken Fuß. Die Hand ihres schräg abwärts ausgestreckten rechten, des vom Betrachter abgewandten Armes hält eine Kanne, aus der sie die Libationsflüssigkeit in ein auf dem Boden stehendes Gefäß gießt – analog zur Libation des Großkönigs im linken Bildfeld. Auch hier steht zwischen der Göttin und der Königin ein Altar, dessen Umriß dem im linken Bildfeld entspricht, jedoch steht auf der Altarplatte anstelle des Opferbrotes ein Vogel (oder ein Gefäß in Vogelform?) mit zurückgewandtem Kopf.

Die vier Gestalten der beiden Bildszenen stellen also dar, wie das Großkönigspaar einem Götterpaar opfert, wobei die weibliche Gottheit sicher als Ḫi(badu) zu identifizieren ist. Daher kann es sich doch nur um das an der Spitze des Pantheons stehende Götterpaar handeln (vgl. Yazılıkaya), so daß als männliches Pendant nur der Wettergott in Betracht kommt.[92]

Im rechten, unregelmäßig begrenzten Inschriftenteil (Abb. 118), der die Beischrift der Großkönigin Puduḫeba fortsetzt, treten neun nur flächig, jedoch im Umriß exakt ausgearbeitete Zeichen plastisch aus dem bereits vollendeten Reliefgrund hervor. Von links nach rechts ist zu lesen:

Ká -*285-*na* REGIO FILIA DEUS *á-zi/a-mi*

«Tochter des Landes Kizzuwadna, von der Gottheit (oder: von den Göttern) geliebt.»[93]

Dieser Teil der Beischrift nimmt also darauf Bezug, daß die Großkönigin Puduḫeba, wie auch aus hethitischen Texten bekannt ist, aus dem Land Kizzuwadna stammt, dessen Name hier wohl in der luwischen Lautform Kazzuwadna vorliegt.[94] Tatsächlich dürfte das Felsrelief von Fıraktın etwa an der Nordwestgrenze des Landes Kizzuwadna liegen, das sich von der Küste des ebenen Kilikien (Kilikia Pedias) entlang der beiden Flüsse Seyhan und Ceyhan bis nach Kappadokien erstreckte und hier das Gebiet um das bedeutende Kultzentrum Kummanni (in griechisch-römischer Zeit Komana) noch mit einschloß. Der Ausdruck «von den Göttern geliebt» ist an sich geläufig, hier ist allerdings nicht auszuschließen, daß speziell die Göttin Ḫibadu gemeint ist, zumal Puduḫeba deren oberste Priesterin war.

Ungeklärt ist der Grund für den unterschiedlichen Grad der

Fertigstellung der Teile des Reliefs. Die Abfolge der Bearbeitung schreitet von links nach rechts fort: Phase 1 = fertig ausgearbeitet (Wettergott, König, Altar, Zeichen); Phase 2 = begonnene, dann jedoch abgebrochene Detailbearbeitung der Hieroglyphenzeichen und des Reliefgrundes sowie der Umrisse der ansonsten nur flächigen Teile (Göttin, Königin, Altar); Phase 3 = nur Umrisse flächiger Schriftzeichen, aber fertig ausgearbeiteter Reliefgrund. Aufgrund dieser Abfolge kann die bisweilen geäußerte Vermutung ausscheiden, daß Unterschiede im Felsgrund – solche sind zudem vor Ort nicht zu erkennen – die Ursache für die unterschiedliche Bearbeitung waren. Zur Qualität des Felsreliefs kann man sich durchaus der Beurteilung durch K. Kohlmeyer anschließen:

«Die Meinung, das Relief sei nicht qualitätvoll, kann nicht übernommen werden. Die linke, aber auch die rechte unvollendete Szene zeugen, wenn man den schlechten Erhaltungszustand mit einbezieht, von hohem bildhauerischen Können; daß die Details nicht plastisch ausmodelliert sind, ist Folge des vulkanischen Gesteins. Die innere Proportionalität, die Maßhaltigkeit der Körperteile ist weitgehend gewahrt. Die Überlängung der Beine der sitzenden Ḫebat ist Folge der angestrebten Isokephalie».[95]

Archäologisch ist diese Gegend noch wenig erforscht. Kohlmeyer berichtete von kleineren Grabungen 2 km nordwestlich des Dorfes im Höyük von Fıraktın, bei denen Schichten und Funde aus großreichszeitlicher und vielleicht auch althethitischer Periode sowie Fundamente mächtiger Steinmauern angetroffen worden sind. Reste einer weiteren kleinen Siedlung aus chalkolithischer bis hethitischer Zeit wurden 400 m nordöstlich von Fıraktın auf dem Rande des Plateaus entdeckt. Die Namen dieser Siedlungen blieben unbekannt.[96]

TAŞÇI A UND B – DREI WÜRDENTRÄGER ḪATTUSILIS II. AM BERGFLUSS

Taşçı A

Etwa 25 km flußaufwärts von Fıraktın mündet bei dem Dorf Taşçı ein bis in den Frühsommer wasserreicher Nebenfluß, der Şamaz Dere von Süden her in den Zamantı Irmağı ein. Er entspringt an der Westflanke des nur 15 km südlich 2721 m hoch aufragenden Bakırdağ, dessen Name auch zum zweiten Namen des Dorfes geworden ist (Abb. 119). Nachdem er das Gebirge verlassen hat, strömt der Fluß durch die ausgedehnten Weideflächen der Yayla, ehe sein Lauf wenig südlich des Dorfes von zwei Höhenrücken derart eingeengt wird, daß für den an seinem Ostufer verlaufenden modernen Weg nur nach Absprengen des Hangfußes Raum geschaffen werden konnte (Abb. 126). Am gegenüberliegenden Westufer endet der dortige Höhenrücken mit geklüfteten Felspartien unmittelbar am Rande des schnell strömenden Wassers, so daß selbst für einen schmalen, am Fluß entlang führenden Pfad kein Platz bleibt. Hier ist in einer geglätteten Felsfläche das nach Ostsüdost (60°) gerichtete Relief von Taşçı A ausgearbeitet worden. Zugänglich ist der Ort nur von Norden her nach einem weiten Umweg über den westlichen Höhenrücken; die Lage des Reliefs läßt sich jedoch gut vom gegenüberliegenden Ufer aus über den Fluß hinweg studieren (Abb. 120). Die Form des kegelförmig vor die Felsstufe vorspringenden Kalksteinfelsens, an dessen Fuß das Relief bis zur halben Höhe der Gestalten vom angeschwemmten Erdreich verdeckt ist, erinnert an die Form des hethitischen Heilssymbols, das beispielsweise die Gottheiten im Relief von Fıraktın über der Hand halten. Darauf, daß

Abb. 119 Taşçı A. Blick über den Fluß und die Bergweiden zum 2721 m hohen Bakırdağ.

Abb. 120 Taşçı A. Die Wand mit den Reliefs über den reißenden Fluß hinweg.

dieser Ort eine kultische Bedeutung besaß, scheint auch eine kleine Höhle hinzuweisen, deren Mündung sich in diesem Felsen oberhalb des Reliefs öffnet und deren Inneres später beschrieben werden soll (Abb. 120. 121).

Nach der 1906 erfolgten Entdeckung und einigen unzureichenden Behandlungen zu Beginn des 20. Jhs. wurde erst 1935 durch I. J. Gelb nach Freilegung der unteren Partien eine Dokumentation in Kopie und Photographie vorgelegt[97], die auch heute noch der Nachprüfung in wesentlichen Teilen standhält und mit nur geringen Abweichungen recht gut auch der genauen Aufnahme durch K. Kohlmeyer entspricht, der in seiner 1983 erschienenen Arbeit auch die früheren, mit ihm teils übereinstimmenden, teils abweichenden Wiedergaben und Lesungen ausführlich zitiert.[98] Diese sollen aber hier außer Betracht bleiben.

Das 3,10 m lange, heute nur noch bis 0,94 m hoch aus dem unebenem Schwemmland herausragende Felsrelief weist im unteren rechten Teil drei nach rechts gewandte Gestalten auf, die trotz unterschiedlich starker Abwitterung noch immer leicht plastisch aus dem Reliefgrund hervortreten (Abb. 122). Ihre Konturen sind von tiefen Rillen umfahren. Am besten ist die linke Gestalt und bei ihr auch wesentliche Teile der gerillten Innenzeichnung erhalten; weniger gut ist der Zustand der mittleren, und von der rechten, die am meisten verwittert ist, sieht man gerade noch den Umriß (Abb. 123). Noch ist zu erkennen, daß die beiden rechten Figuren Rundkappen tragen, bei der mittleren auch ein Horn. Ebenso ist die Haltung dieser beiden gleichartig. Ähnlichkeiten der Gewandung, die Kohlmeyer noch erkannt hat, lassen sich heute nicht mehr wahrnehmen. Daß sie wohl vorhanden waren, belegen die Umzeichnungen von Steinherr[99] und die Photographie bei Bittel.[100] Die Einzelheiten weisen diese beiden rechten Gestalten als männlich aus. Über den Kopf der linken Gestalt laufen offenbar Bänder; nicht mehr erkennbar ist, ob diese auf einer eng anliegende Rundkappe oder auf einem das Haar bedeckenden Tuch aufliegen (Abb. 124). Für die letztere Version spricht das vom Kopf hinten lang über den Rücken herabfallende Tuch, ein Detail der Kopfbedeckung der weiblichen Gottheiten und der Königinnen, das hier die linke Figur als weiblich ausweist. Während die Nasen- und Mundpartie des Gesichtes ausgebrochen ist, blieben das Kinn, das Auge, die Braue und der Rand der

Abb. 121 Taşçı A. Das gesamte Relief, darüber im Felsen eine Höhle.

Abb. 122 Taşçı A. Detail des Reliefs.

Abb. 123 Taşçı A. Die Reste der drei Gestalten und Teile der Beischrift.

Abb. 124 Taşçı A. Detail der linken Figur mit ihrer Beischrift.

Abb. 125 Taşçı A. Detail der Beischrift «Ḫattusili, Großkönig, Held».

Kappe (bzw. das unterste Band des Kopfhaares) noch erhalten. Der vorgestreckte linke, vom Betrachter abgewandte Arm zeichnet sich deutlich ab, nicht dagegen der rechte, dem Betrachter zugewandte, der sich im Bereich einer auffallend helleren, ausgebrochenen Fläche vor der Brust befunden haben müßte. Kohlmeyer nahm an, daß die rechte Hand gespreizt vor den Mund erhoben war, in dem üblichen Gestus weiblicher Gestalten. Weitere Einzelheiten der drei Figuren, die von früheren Beobachtern noch gesehen und zeichnerisch wiedergegeben wurden, müssen als durch Erosion verloren oder als im angeschwemmten Erdreich verborgen gelten.

Über den Köpfen der Figuren und in der links anschließenden Felsfläche stehen Beischriften in luwischer Hieroglyphenschrift (Abb. 122–125); die Zeichengruppen vor den beiden linken Gestalten sind auf diese gerichtet und nennen deren Namen, die der rechten Gestalt sind nicht erhalten (Abb. 123). Die meisten der einzelnen Zeichen sind zwar erkannt, doch bereitet eine sichere Lesung der Namen noch immer Schwierigkeiten.[101] Das trifft besonders für die mittlere, männliche Person zu, während der Name der linken, weiblichen als *Ma-na-a-za/i* zu umschreiben ist. Sie wird durch den Zusatz FILIA *Lu-pa-ki* EXERCITUS SCRIBA FILIUS? übereinstimmend mit Hawkins als «Tochter Lubakkis, des Sohnes? des Armeeschreibers» bezeichnet (Abb. 122. 123). Die Amtsbezeichnung EXERCITUS SCRIBA «Armeeschreiber» ist anscheinend nur hier bezeugt.

Links daneben stehen Name und Amtsbezeichnung einer weiteren, nicht abgebildeten Person, nach Hawkins: VIR-*á* HASTARIUS «Zida, Leibgardist» (Abb. 121. 122). Das auch auf Siegelabdrücken vorkommende Wortzeichen HASTARIUS ist durch einen senkrecht stehenden Speer mit einem links angesetzten Griff dargestellt.[102] Es entspricht wahrscheinlich dem Akkadogramm ^{LÚ}*MEŠEDI*, das in den hethitischen Keilschrifttexten für «Leibgardist» steht.[103] Übereinstimmend mit Hawkins lauten die links außen folgenden Zeichen (Abb. 121. 125):

MAGNUS REX ḪATTUSA+*li* MAGNUS REX HEROS SERVUS
«Diener Ḫattusilis (II.), des Großkönigs, des Helden».

Auch dieser Ausdruck scheint sich auf die zuletzt genannte Person, den Leibgardisten Zida, zu beziehen. Es ist aber (worauf mich F. Starke hinweist) infolge der rein logographischen Schreibung, die bei SERVUS «Diener» in der Bezeichnung des Numerus (Singular bzw. Plural) nicht eindeutig ist, nicht auszuschließen, daß sich der Ausdruck auf alle zuvor benannten Personen bezieht.

Taşçı B

Weniger als 100 m flußaufwärts steht am gleichen Ufer – je nach Wasserstand auch im Wasser – ein einzelner freistehender Felsblock mit dem Ritzrelief Taşçı B (Abb. 126). Gut erhalten ist auf der ebenfalls zum Fluß gerichteten Bildfläche die Darstellung des etwa 0,80 m hohen Oberkörpers einer nach rechts gewandten männlichen Gestalt. Diese hat die Faust ihres rechten, dem Betrachter zugewandten Armes im Grußgestus erhoben und über der Hand ihres ausgestreckten linken Armes steht das üblicherweise den Göttern vorbehaltene kegelförmige Heilssymbol (Abb. 127). Der Mann trägt eine mit einem vorderen Horn und einem breitem unteren Rand verzierte Rundkappe. Darunter sind Reste der Innenzeichnung des Ohres, des Auges und der Braue erkennbar. Bekleidet ist die Gestalt mit dem langen Gewand der Kultfunktionäre, dessen Schal über die rechte Schulter und die Unterarme geschlagen ist. Die drei unterhalb des linken Armes erhaltenen, teilweise bestimmbaren Zeichen haben verschiedene Bearbeiter unterschiedlich gelesen, ohne daß es jedoch gelang, den Namen der dargestellten Person zu erschließen.

Die Höhlen oberhalb der Reliefs

In der Felsfläche dicht über dem Relief Taşçı A öffnet sich in etwa 3 m Höhe die Mündung einer Kaverne, mit ebenem Boden, einer Breite von etwa 1,50 m und einer lichten Höhe unter der gewölbten Decke von ebenfalls 1,50 m (Abb. 128–130). Sie bietet gerade Raum für einen hockenden Menschen. Fast die gesamte Boden-

Abb. 126 Taşçı B. Im Fluß steht der Block mit dem Relief einer männlichen Gestalt.

fläche wird von der runden, 1–1,20 m weiten Mündung eines Schachtes, die bis an die gut bearbeitete Rückwand der Kaverne reicht, eingenommen (Abb. 129). Die Wandung des Schachtes ist sauber senkrecht ausgebildet; in einer Tiefe von 1,50 m war der Schacht 1989 mit eingeschwemmtem Erdreich gefüllt. Es ist anzunehmen, daß der Schacht ursprünglich bis auf die Höhe des jahreszeitlich schwankenden Wasserspiegels hinabgereicht hat. Nur eine Ausgrabung der Verfüllung kann diese Frage beantworten. In den Schacht führt von vorn schräg hinunter eine steile, ausgehauene Röhre mit einem oberen Durchmesser von etwa 0,50 m, die oberhalb des Sedimentniveaus seitlich in den Schacht mündet (Abb. 130). In der rechten Seitenwand der Kaverne ist über der Schachtöffnung eine Schale ausgemeißelt, die zur Aufnahme einer Flüssigkeit geeignet ist. Von links oben führt eine weitere, sauber aus dem Felsen gemeißelte Rinne, die sich nach oben durch den Fels als Röhre fortsetzt, zum Rand des Schachtes. Ein von oben einfallender, schwacher Lichtschein weist auf

Abb. 127 Taşçı B. Das Relief (vgl. Abb. 126): Eine männliche Gestalt, deren linke Hand das Heilssymbol trägt und deren rechte zum Grußgestus erhoben ist.

Abb. 128 Taşçı A. Die Mündung der Höhle über dem Relief.

Abb. 129 Taşçı A. Vom Boden der Höhle führt ein Schacht in die Tiefe.

eine Mündung ins Freie hin. Beim Absuchen der äußeren Flanken des ganzen kegelförmigen Felsens fand sich außen hoch oben die versteckte, ganz natürliche, unbearbeitete Öffnung der schlotartigen Fortsetzung jener genannten, im inneren sichtbaren Teil ordentlich bearbeiteten Röhre. Die ursprüngliche Zweckbestimmung dieser Anlage ist heute nicht mehr zu begreifen. Der Zauber des Ortes erfaßt den dafür sensiblen Besucher jedoch intensiv. Die kultische Funktion kann nur vermutet werden.

Abb. 130 Taşçı A. Eine ausgehauene Röhre führt seitlich in den Schacht.

Auch in der Felswand, die am Ufer hinter dem Reliefstein Taşçı B aufragt, ist etwa 5 m oberhalb des Reliefs eine ähnliche Höhle vorhanden, deren Boden aber hoch mit Sediment angefüllt ist (Abb. 131). Im hinteren Teil dieser Kaverne scheint ebenfalls ein Schacht vorhanden zu sein, was sich aber wegen der Anfüllung des Bodens ohne Grabung nicht sicher feststellen läßt.

Bemerkenswert und wohl bedeutsam ist die Ähnlichkeit der beiden Anlagen und ihr Bezug zu dem gewiß bisweilen Hochwasser führenden Fluß. Die Ausrichtung der wie in einer Prozession angeordneten Priestergestalten nach rechts, talwärts zur Siedlung und deren bebauten Feldern hin, legt die Vorstellung von einer Schutzfunktion nahe – vielleicht an einem schon vor der späteren Ausführung der Reliefs wichtig gewesenen Orte, der durch die Höhlen und Schächte gekennzeichnet ist und bei Prozessionen aufgesucht wurde.

İMAMKULU – EINE GÖTTIN ENTSCHLEIERT SICH VOR DEM WETTERGOTT

10 km östlich von Taşçı/Bakırdağ endet das Tal von Develi am Fuße des Gebirges, an dem entlang der Zamantı Irmağı von Norden her das Tal erreicht. Dem Flußlauf folgte bereits im Altertum ein wichtiger Weg, der aus dem inneren hethitischen Kerngebiet

vom Kızılırmak-Bogen her über Kayseri und Tomarza zum Übergang über das Taurusgebirge nach Kilikien führte. Hier vereinigte er sich mit dem von Kappadokien über Develi – Fıraktın – Taşçı heraufkommenden Weg, bevor der Aufstieg über den Gezbelpaß begann. An diesem Aufstieg ist am Westhang des 3045 m hohen Bey Dağı oberhalb des Dorfes İmamkulu in einem freistehenden, nach Westnordwest (290°) gerichteten Trachytblock vor dem zerklüfteten Rand eines Felsplateaus das Felsrelief von İmamkulu erhalten (Abb. 132). Es wurde 1934 entdeckt, in der Folge wiederholt beschrieben und unterschiedlich gedeutet (s. die Forschungsgeschichte bei Kohlmeyer).[104] Im Hof des Archäologischen Museums in Kayseri ist ein Abguß des Reliefs zu sehen.

Die unregelmäßig oval begrenzte, schwach vorgewölbte Bildfläche des rückwärts geneigten Felsblocks ist maximal 3,25 m breit und 2,30 m hoch. Sie war, wie der übrige Fels noch heute, von Flechten dicht bewachsen und weist nach der Säuberung nun starke Verwitterung in Form von meist kleineren, punktförmigen Ausbrüchen, aber auch Abbrüchen einzelner Bildteile auf. Dennoch ist das Bildprogramm noch sehr gut zu erkennen. Beiderseits einer in drei Höhenzonen gegliederten Mittelgruppe sind außen zwei Seitengruppen angeordnet (Abb. 133. 134). Links trägt eine 1 m hohe, nach rechts ins Bild gewandte männliche Gestalt eine Rundkappe mit rudimentärem Horn, die Hand des ausgestreckten linken, vom Betrachter abgewandten Armes hält die Lanze, die Hand des rechten angewinkelten Armes den auf der

Abb. 131 Taşçı B. Auch hier ist im Felsen oberhalb des Reliefs eine Höhle vorhanden.

Abb. 132 İmamkulu. Frei steht der Relieffelsen vor dem Berghang.

Abb. 133 İmamkulu. Das gesamte Relief in der abgearbeiteten Front des Felsblocks.

Abb. 134 İmamkulu. Die Umzeichnung des Reliefs verdeutlicht manches Detail.

Schulter getragenen Bogen, von dessen hinterem Abschluß – entgegen Kohlmeyers Beobachtung[105] – mindestens der obere und untere Abschnitt der Sehne deutlich zu erkennen sind (Abb. 135). Vor der Hüfte zeichnet sich noch deutlich der sichelförmige Schwertknauf ab, und dicht unter dem Bogen scheint sich am Rücken noch ein schwacher Rest der Scheidenspitze zu befinden. Außer den Schnabelschuhen sind Einzelheiten der Kleidung nicht erhalten. Wo der Saum eines Schurzrockes zu erwarten wäre, ist das Bild durch einen Ausbruch gestört. Vor dem Kopf der Gestalt nennen sechs luwische Hieroglyphenzeichen außen antithetisch angeordnet den Titel und dazwischen den Namen des als Prinzen bezeichneten Mannes:

REX+FILIUS EXERCITUS-*mu* REX+FILIUS

Der luwische Name des Prinzen[106] ist eine Komposition aus dem Logogramm EXERCITUS = «Heer», das sowohl für den Stamm *ku(u̯a)lan-* als auch für den Stamm *ku(u̯a)la-* stehen kann, und

*Abb. 135 İmamkulu. Ganz links steht der Stifter, «Prinz Kuwalanamuwa» (*EXERCITUS-*mu* REX+FILIUS*).*

Abb. 136 İmamkulu. Die dreizonige Mittelgruppe des Reliefs.

mu, wohl die verkürzte Schreibung für *muu̯a-* «Mut, Wehrhaftigkeit». Der Name lautet folglich *Ku(wa)lanamuwa* oder *Ku(wa)lamuwa*, er bedeutet «die Wehrhaftigkeit des Heeres besitzend».[107]

Ein Prinz dieses Namens begegnet auch in den Beischriften der Felsreliefs von Hanyeri jenseits des Gezbelpasses und des Felsreliefs von Akpınar/Manisa am Sipylosgebirge nahe der Ägäisküste. Darüber hinaus erscheint der Name keilschriftlich als ^{m}KARAŠ-*mu-u-u̯a-aš* in den «Ausführlichen Annalen» des hethitischen Großkönigs Mursili II. (ca. 1318–1290 v. Chr.). Das Sumerogramm KARAŠ entspricht dem hieroglyphen-luwischen Logogramm EXERCITUS. Der dort genannte Prinz dürfte aber kaum mit den in İmamkulu, Hanyeri und Akpınar bezeugten Prinzen aus dem 13. Jh. v. Chr. identisch sein.

In der dreizonigen Mittelgruppe des Reliefs besteigt oben ein nach rechts gewandter Gott mit seinem linken, vorgestellten Bein einen Streitwagen. Mit dem rechten Bein steht er auf dem gebeugten Nacken eines von drei Berggöttern der mittleren Zone (Abb. 136). Gestus und Beischrift kennzeichnen die Gestalt als Wettergott. Er trägt die vorn und hinten mit je vier Hörnern geschmückte Göttermütze und hält in der Hand des hoch erhobenen rechten, dem Betrachter zugewandten Armes eine Streitkeule, mit dem vorgestreckten linken Arm führt er die Zügel eines Stiergespanns. Das Ende eines langen Haarschopfes scheint sich noch unter der rechten Achsel abzuzeichnen. Knauf und Scheidenspitze des links – hinter dem Rumpf – getragenen Schwertes treten beiderseits der Hüftpartie hervor; der Knauf liegt deutlich hinter der ungebrochen durchlaufenden Kontur des linken Oberschenkels. Gegenteilige Beobachtungen eines vor dem Körper – rechts – getragenen Schwertes[108] mögen auf der Täuschung durch eine dort vorhandene Reihe von Ausbrüchen beruhen. Als Kleidung trägt der Gott den kurzen Schurzrock der Krieger und Schnabelschuhe. Seine stark verwitterte Beischrift über der Hand des ausgestreckten Armes besteht aus drei untereinander angeordneten Zeichen:

^{DEUS}TONITRUS CAELUM, «Wettergott des Himmels»

Ein unter dem Zeichen CAELUM stehendes viertes Zeichen ist wohl nicht die Wiederholung des Logogramms TONITRUS. Wenig überzeugen kann die von Börker-Klähn mit Hinweis auf andere Beispiele vorgetragene Annahme, daß dieser Zeichenrest ein Blitzbündel war, das der Gott (dann außer den Zügeln?) in seiner Hand hält.[109]

Gewiß handelt es sich bei dem Wagen, den der Gott besteigt, um einen zweirädrigen Karren. Dieser weist eine weit vorgezogene, zweiteilige und vom Körper des Zugtieres überschnittene Front auf. Daß die Deichsel offensichtlich hinter dem Stier liegt, kann als Hinweis auf ein verdoppelt zu denkendes Gespann gedeutet werden.[110] Wie in hethitischen Darstellungen üblich, sind

Abb. 137 İmamkulu. Ganz rechts blickt eine «sich entschleiernde», ihr Gewand öffnende Göttin dem Wettergott entgegen. Sie steht auf einem stilisierten Baum, der einen Kopf und anstelle der Wurzeln gespreizte Füße besitzt. Ein Vogel – bis ins Mittelalter durchgehendes Symbol der Liebe – fliegt von der Göttin zum Gott.

die Hörner des im Profil dargestellten Stierschädels in frontaler Ansicht abgebildet. Mindestens die Vorderläufe des galoppierenden Zugtieres sind paarig wiedergegeben. Über die gebeugten Rücken der in der mittleren Zone dargestellten Berggötter, die hohe mit einem Horn besetzte Göttermützen tragen, jagt das Gefährt des Wettergottes auf die rechte Seitengruppe zu. Die Berggötter haben einen Unterarm, wahrscheinlich den linken, mit der zum Grußgestus geballten Faust vor das Gesicht erhoben, während die stark ausgeprägte Schulterpartie auf einen vor dem Körper angewinkelten rechten Arm hindeuten dürfte. Der klar erkennbare Umriß der Kinnpartien weist sie als bartlos aus. An ihrem Rücken treten zwei Fortsätze auf, der obere ist das Ende des Haarzopfes, der untere die Scheidenspitze des Schwertes, dessen Knauf sich vorn vor der Hüfte abzeichnet. Bei dem linken Gott ist das vor dem Körper (rechts) getragene Schwert deutlich sichtbar. Obwohl die langen Gewänder nicht die für Berggötter üblichen kegelartigen Bergstilisierungen zeigen und auch die Bewaffnung ungewöhnlich ist, lassen die Haltung der Figuren und die Gesamtdarstellung nur diese Deutung zu.

In der unteren Zone schließlich tragen drei sich nach rechts wendende Mischwesen auf ihren erhobenen Armen die Berggötter. An den im Profil wiedergegebenen Felidenköpfen dieser Gestalten steht ein Ohr wie bei einer Frontaldarstellung nach hinten ab, ein ähnlicher Wechsel wie bei dem Stierkopf des Gespanns (s. o.). Der gerade Umriß und die Stärke der zurückgestellten Beine scheinen auf einen diese bedeckenden Umhang zu verweisen, der auch bei derartigen Gestalten in anderen hethitischen Reliefs auftritt (vgl. z. B. Eflatunpınar). Noch sind die Schnabelschuhe der Mischwesen zu erkennen.

Zu vielfältigen Deutungen gab die rechte Seitengruppe Anlaß. Eine weibliche, ihren Schleier oder ihr Gewand mit ausgebreiteten Armen weit öffnende Gestalt blickt nach links dem heranpreschenden Wettergott entgegen (Abb. 134. 137). Vor ihr fliegt ein Vogel auf den Gott zu. Über ihrem Hinterkopf sind deutlich fünf Spitzen eines Sterns oder einer Krone zu erkennen, und über der rechten Hand, die den Saum des Gewandes hält, steht ein sechszackiger Stern. Zwei Flügel ragen über die Schultern empor. Wie bei einem Idol sind die fußlosen Beine geformt, die auf einem stilisierten Baum stehen. Dieser weist an den Seiten acht Äste, zwei gespreizte, wurzelartige Füße sowie einen wohl im

Abb. 138 İmamkulu. Zustand des Reliefs 2001: Mit Ölfarbe (!) verschmierte Konturen.

Profil nach rechts gewandten Kopf auf und könnte eine Baumgottheit symbolisieren.

Die Szene der sich vor dem Wettergott entschleiernden Göttin – hier handelt es sich wohl um Sauska/Ištar – ist im Vorderen Orient bereits seit der frühen Bronzezeit in Rollsiegeln häufig belegt; oft sind die beiden Gottheiten durch einen zwischen ihnen fliegenden Vogel verbunden.[111] Dieser wird von O. Keel anhand zahlreicher altorientalischer Beispiele als Taube gedeutet: «Zu Beginn des 2. Jts. ist die Taube in Anatolien und Syrien zuerst mit der Göttin als Herrin verbunden. Erst im 2. Viertel des 2. Jts. wird sie der sich entschleiernden [...] zugesellt. Wo [... diese] mit ihrem menschlichen oder göttlichen Partner zusammen ist, wird die Taube zur Liebesbotin, zum Symbol der Liebe, die beide verbindet».[112]

Mit einem Mythos aus der Levante, der von einer Verführung des Wettergottes durch die Göttin Ašertu und dem Belauschen des Liebesaktes durch Ištar in Gestalt eines Vogels berichtet, brachte hingegen J. Börker Klähn die Szene in Verbindung: «Gewiß ist die Komposition mit ihrer waagerechten dreizonigen Staffelung Ausdruck eines hierarchischen Gedankens [...]. Doch liegt in der Hierarchie nicht die Hauptaussage der Gesamtdarstellung von Imamkulu; das würde wesentliche Bildteile vernachlässigen. Die neben der Stifterfigur wichtigen Elemente – Wettergott, die sich entschleiernde Göttin und der Vogel – spielen Hauptrollen in dem nach Kleinasien entlehnten kanaanäischen Ašertu-Mythos, so daß eine gewisse Wahrscheinlichkeit besteht, das Imamkulu-Relief könne dessen ‹Illustration› sein, und seine Existenz an diesem Ort wäre mit dem verbreiteten Bestreben zu erklären, mythisches Geschehen mit ganz bestimm-

Abb. 139 İmamkulu 2001, hier waren vermutlich Schatzsucher am Werk.

Abb. 140 Hanyeri. Die Felsrippe mit dem Relief an der Straße zum Gezbelpaß.

Abb. 141 Hanyeri. Der ganze Fels mit dem Relief. Frühere Fortsetzungen sind weder links noch rechts denkbar.

ten Lokalitäten in Verbindung bringen zu wollen, wie sie im Ašertu-Mythos ja von Bedeutung sind».[113]

Leider mußte bei dem Besuch des Felsreliefs im Mai 2001 eine erschreckende Feststellung getroffen werden: Mit triefender weißer Ölfarbe und dickem Pinsel hatte jemand die Umrisse der meisten Gestalten des Reliefs nachgemalt (Abb. 138). Tief war die Farbe in den porösen Stein eingedrungen und von den Kanten abgetropft. Es ist leider zu befürchten, daß der «Maler» sich bemüht hat, dauerhafter jene Nachzeichnungen auszuführen, die von Reiseleitern, aber auch Wissenschaftlern in der Vergangenheit wiederholt mit vergänglicher Kreide vorgenommen worden waren. Beobachtet wurde 2001 auch eine unter den Felsblock geführte, offensichtlich kurz zuvor begonnene Raubgrabung (Abb. 139).

Trotz des deutlich kultischen Bildinhaltes des İmamkulu-Reliefs wird seine Lage am alten Aufstieg zum Gezbelpaß, an dessen jenseitigem Ausgang das Felsrelief von Hanyeri liegt, bestimmed gewesen sein. Die Beziehung zwischen diesen beiden Reliefs dokumentieren auch die gleichen Namen der Stifterfiguren. Der alte Weg zum Paß hat heute keine Bedeutung mehr, denn die moderne Straße verläßt den Zamantı Irmağı weit unten im Tal und windet sich am Südhang des Bey Dağı hinauf.

HANYERİ – WETTERGOTT UND PRINZ JENSEITS DES GEZBEL PASSES

Nachdem die moderne Straße das Tal des Zamantı Irmağı verlassen hat, steigt sie zum Gezbelpaß (1960 m) hinauf, auf dem sie den Tauruskamm zwischen dem Bey Dağı (3054 m) und dem Alaylıdağ (2436 m) überquert. Der alte, vorbei am Felsrelief von İmamkulu zum Paß heraufführende Weg muß weiter westlich höher am Berghang gelegen haben. Dieser ganzjährig passierbare Übergang über das Gebirge ist die wichtigste Verbindung vom hethitischen Kernland nach Kilikien und weiter nach Syrien gewesen, 120 km kürzer und wesentlich günstiger als der weiter westlich von Kappadokien nach Tarsus führende, schwierigere Weg durch die Schlucht der Kilikischen Pforte. Jenseits des Passes, etwa 200 Höhenmeter tiefer, erreicht die Straße ein wasserreiches, fruchtbares Tal in dem das Dorf Hanyeri liegt (Abb. 140). Vor dem Ort umrundet sie in einer Serpentine die Spitze einer den Hang herabziehenden, mit knorrigen Wacholderbäumen bewachsenen Kalksteinrippe, deren talauswärts nach Ostnordost (72°) gerichtete Seite das Felsrelief trägt (Abb. 141). Es wurde 1939 entdeckt und 1945 erstmalig publiziert. Eine ausführliche Bearbeitung erfolgte 1983 durch K. Kohlmeyer.[114]

Die insgesamt 3,50 m breite, von unregelmäßigem Umriß begrenzte, bearbeitete Fläche besteht aus einem mittleren, 1,50 m breiten und 2,30 m hohen Feld, an das sich links oben ein 1,10 x 0,80 m großes Seitenfeld und rechts oben ein solches von 0,90 x 0,80 m Größe anschließen (Abb. 142. 143). So entstand ein etwa T-förmiger Umriß, dessen Unterkante ca. 4 m über dem heutigen Fahrweg liegt. Der antike Weg, der 20 m nach dem Passieren des Reliefs den Einschnitt eines Bachbettes kreuzte, muß tiefer gelegen haben.

Im linken oberen Feld, das mehrere Autoren unzutreffend beschrieben haben, steht ein nach rechts gerichteter Stier mit den Vorderbeinen auf der rechten Schulter einer ebenfalls nach rechts gewandten, den hörnerbesetzten Götterhut tragenden Gestalt und

Abb. 142 Hanyeri. Das gesamte Relief. Plastisches Licht gibt es nur sehr früh morgens im Frühsommer.

Abb. 143 Hanyeri. Umzeichnung des Reliefs (vgl. Abb. 142).

Abb. 144 Hanyeri. Links steht der Stier des Wettergottes mit den Vorderbeinen auf einem Altarbild (?) des in der Beischrift genannten Gottes Sarrumma, mit den hinteren auf einem altarartigen Podest. (Vgl. die zahlreichen unzutreffenden, im Text erwähnten Berichte).

mit den Hinterbeinen auf einem altarartigen Podest (Abb. 142–144). H. Th. Bossert berichtete von zwei Berggöttern, auf denen ein Stier steht[115], K. Bittel hingegen von zwei Berggöttern, die auf Stieren stehen[116], und J. Börker-Klähn sah einen zweiten Berggott anstelle des Altarpodestes und gab diesen sogar zeichnerisch wieder.[117] In der im hethitischen Zentralgebiet stets üblichen Plazierung vor den Köpfen der Gruppe sind mehrere Schriftzeichen angeordnet. Trotz der fortschreitenden Verwitterung und der tiefen Ausbrüche sind noch zahlreiche Details erkennbar, so der mit drei Hörnerpaaren und Mittelsteg ausgestattete Hut des wechselseitig abgebildeten Gottes, sein großer Ohrschmuck und viele Details des Gesichtes. Er hat den linken Arm, über dessen Hand eine der vier Hieroglyphen steht, zum Grußgestus erhoben; hinter dem Ellbogen seines rechten, angewinkelten Armes sieht man noch den Rest des Zopfes, und sein bis zum Boden reichender Rock weist ihn durch die in üblicher Weise stilisierten Kegelornamente als Berggott aus. Die Schriftzeichen sind linksläufig in Richtung auf die Figurengruppe zu lesen (Abb. 142–144):

Zeile 1: REX MONS ^{DEUS}SARMA
Zeile 2: ENSIS (=MANUS+CULTER) DEUS+MONS

Zeile 1: «König des Berges/Gebirges, Sarrumma.»
Zeile 2: «..., Berggott.»

Zeile 1 wird von Hawkins auf den Stier bezogen, Zeile 2 auf die Gestalt des Berggottes. Für dessen Namen steht ENSIS, das sich aus der Zeichenligatur MANUS+CULTER zusammensetzt. Hawkins verweist auf ^{DEUS}ENSIS in der Südburg-Inschrift[118] und auf den Schwertgott (Yazılıkaya Nr. 82), doch bleibt unklar, welches luwische Wort hinter dem Logogramm steckt (Starke, Hinweis 2004).

In den hethitischen Texten werden Kultstatuen beschrieben, die sich mit Darstellungen auf Felsreliefs gut vergleichen lassen. Darauf, daß diese Beschreibungen für Kultbilder der auf vergöttlichten Bergen stehenden Wettergötter zutreffen, weist der von V. Haas zitierte Keilschrifttext aus Ḫattusa eindringlich hin: «Wettergott des Himmels: Männerbild mit Gold überzogen, sitzend; in der rechten Hand hält er eine Keule, in der linken Hand hält er das Heilssymbol aus Gold. Auf zwei Bergen in Männergestalt, die mit Silber überzogen sind und vorwärts schrei[ten]. Darunter eine silberne Basis.»[119]

Götterbilder der hethitischen Felsreliefs mögen daher bisweilen derartige, gewiß unterschiedlich gestaltete Kultstatuen, die als Sinnbild der Gottheit verehrt wurden, abbilden. Der Stier, der als Sinnbild des Wettergottes Sarrumma mit den Hinterbeinen auf einem Altarpodest und mit den Vorderbeinen auf der Schulter eines Berggottes steht, entspricht dieser Vorstellung sehr gut. Auch auf einem der Reliefs aus Alaca Höyük (vgl. Abb. 2. 3) und z. B. auf einer Szene in dem wunderbaren Bilderfries der berühmten Vase aus İnandık wird der von Adoranten gegrüßte, auf einem Altarpodest stehende Stier in ganz ähnlicher Weise dargestellt wie im Felsrelief von Hanyeri.

Hier in Hanyeri wendet sich im Mittelfeld eine 2 m hohe, männliche Gestalt, vor deren Kopf vier Schriftzeichen stehen, nach links (Abb. 143. 145). Der Mann trägt den kurzen Schurzrock der Krieger, eine mit einem vorderen Horn ausgestattete Kalottenkappe und Schnabelschuhe. Die Hand des linken, angewinkelten Armes hält den auf der Schulter getragenen großen Bogen, vor dem Körper ist das links getragene Schwert mit halbmondförmigem Knauf zu erkennen und der vorgesteckte rechte rechte Arm hält die Lanze. Im bartlosen Gesicht zeichnen sich noch das Auge und das Ohr mit großem Ohrschmuck ab. Außer dem senkrechten Randsaum des Wickelrockes und dessen nur wenig geschwungenen unteren Abschluß sind Details der Kleidung nicht erhalten. Die Figur ist zwar verhältnismäßig grob proportioniert – die stark betonten Beine und die übergroße Breite der Schulter wurden sogar als »mißglückt« bezeichnet.[120] Es wäre jedoch abwegig, die hethitischen Felsreliefs nach den Maßstäben anatomisch richtiger Proportionen zu beurteilen, die nicht einmal bei dem Gott vom linken Torpfeiler des sog. Königstores von Ḫattusa, dem Meisterwerk hethitischer Bildkunst (Museum Ankara), eingehalten sind. Die besondere Ausdruckskraft der hethitischen Reliefs beruht oft gerade darauf, daß der Bildhauer bei der Komposition seines Werkes innerhalb des festliegenden Rahmens die ihm wichtigen Gestaltungselemente duch stärkere Ausprägung hervorhebt. Betont werden auf diese Weise bisweilen die Köpfe oder – wie bei dem Zwölfgötterrelief aus Kammer B in

Abb. 145 Hanyeri. Die Hauptfigur des dem Gott zugewandten Prinzen ist durch die Beischrift als «Prinz Kuwalanamuwa» (EXERCITUS-*mu* REX+FILIUS) *benannt, der gleiche Name wie in İmamkulu und auch in Akpınar nahe der Ägäisküste.*

Abb. 146 Hanyeri. Ganz rechts steht eine axial-symmetrisch gebildete Inschrift, die ebenfalls den Namen eines Prinzen nennt: Tarḫuntabijammi. Ein Bezug zu dem übrigen Inhalt des Reliefs besteht nicht.

Yazılıkaya – die Beine, wenn – wie dort – das kraftvolle Voranschreiten ausgedrückt werden soll. Betont wird auch die Schulter, die den schweren Bogen trägt, beispielsweise die rechte Schulter des Königs vom Karabelpaß, oder hier in Hanyeri die linke Schulter des Mannes, oder die Nacken der Berggötter, über die in Imamkulu das Stiergespann des Wettergottes donnert. Überproportional dargestellte Beine und Schultern der Kriegergestalten drücken Standfestigkeit und Kampfkraft aus. Auch die Überbetonung des Nackens und der Brust des Stieres von Hanyeri, die der nach vorn drängenden Kraft des stiergestaltigen Gottes jenen Ausdruck verleiht, sind als treffende Beispiele für diesen Gestaltungsvorsatz anzuführen.

Im Mittelfeld (Abb. 143) nennen die Zeichen vor dem Kopf der Gestalt antithetisch gegeneinander gerichtet Titel und Namen des dargestellten Mannes. Sie lauten:

EXERCITUS-*mu* REX FILIUS
«Ku(wa)lanamuwa (bzw. Ku(wa)lamuwa), Prinz»

Abb. 147 Hanyeri. Das Bachtal unterhalb des Relieffelsens.

Auch im Felsrelief von İmamkulu auf der anderen Seite des Gezbelpasses (Abb. 134. 135) sowie im Westen des Landes in der Inschrift 1 neben dem Felsrelief von Akpınar bei Manisa (Abb. 158) werden dieser Titel und dieser Name genannt (vgl. zu İmamkulu).

Im rechten, wiederum höherliegend angeordneten Inschriftenfeld sind spiegelbildlich reduplizierte Hieroglyphenzeichen ausgearbeitet, die keinen Bezug zu dem Bildprogramm des Reliefs erkennen lassen (Abb. 146). Die antithetische, um eine senkrechte Symmetrieachse zentrierte Anordnung der Hieroglyphen macht eine nach außen gerichtete Zuordnung ebenso unwahrscheinlich, wie die im hethitischen Zentralgebiet nicht übliche Plazierung hinter dem Prinzen. Auch für eine figürliche Darstellung rechts außerhalb dieser Inschrift, die einmal vermutet wurde, gibt es keine Möglichkeit, denn die für das gesamte Relief abgearbeitete Fläche bildet einen senkrechten Schnitt durch die volle Breite der Felsrippe, die auch zur Entstehungszeit des Reliefs nicht breiter gewesen sein dürfte. Die beiderseitigen Begrenzungen des Reliefs müssen somit als ursprünglich gegeben angesehen werden. Wegen des fehlenden Bildbezuges ist jedoch die Annahme nicht auszuschließen, daß diese Inschrift jünger als das übrige Relief ist. Sie lautet:

REX+FILIUS TONITRUS.DARE?-*mi* REX+FILIUS

Der Name TONITRUS DARE?-*mi* lautet wohl Tarḫuntabijammi («vom/durch den Wettergott gegeben»).[121] Die dargestellte Hand ist nicht eindeutig als DARE (Logogramm für das Verbum «geben») identifizierbar. TONITRUS.DARE?-*mi* ergibt jedoch ein sinnvolles Personennamenkompositum.

Das Tal von Hanyeri, in das der alte Weg nach dem Überschreiten des Gezbelpasses hinunterführt, ist noch immer fruchtbar und wasserreich (Abb. 147). Es wird auch schon im Altertum ein begehrter Rastplatz für Menschen und Tiere der Karawanen und Heerzüge vor dem langen Marsch durch die Taurusschluchten in die heißen Ebenen Kilikiens und Syriens gewesen sein.

ALTINYAYLA/SİVAS – DER SCHUTZGOTT AUF EINER NEU ENTDECKTEN STELE

Im Hof des Kongreßgebäudes der Stadt Sivas steht neben der Einfriedigungsmauer eine Kalksteinstele, auf deren Vorderseite Reliefdarstellungen ausgearbeitet sind. Wie der Archäologe A. Müller-Karpe, Ausgräber des südwestlich von Sivas gelegenen hethiterzeitlichen Stadthügels von Sarissa/Kuşaklı berichtete, ist das Bildwerk in Zweitverwendung auf dem Friedhof des Dorfes Altınyayla gefunden und geborgen worden.[122] Die Abmessungen betragen: Höhe 1,86 m, Breite 0,68 m, Dicke an der Basis 0,38 m. Derzeit ist die Stele im Schatten eines unmittelbar daneben stehenden Baumes unter so ungünstigen Lichtverhältnissen aufgestellt, daß die Einzelheiten des Reliefs, die nun beschrieben werden sollen, nur mit künstlichem Streiflicht erkennbar werden (Abb. 148).

In der linken Szene steht eine nach rechts gewandte männliche Gestalt auf einem Hirschen, der seinerseits in Schrittstellung auf mehreren kegelförmigen, in stilisierten Umrissen eingeritzten Bergen steht. Die Körperformen des Tieres sind naturalistisch wiedergegeben, seine Brust ist vorgewölbt und sein Kopf hoch erhoben. Vom Geweih sind nur Spuren auszumachen, doch wird kein Zweifel aufkommen, daß es sich hier um einen Hirschen handelt. Der auf dessen Rücken stehende Mann ist in das Gewand des hethitischen Kriegers gekleidet, er trägt Schnabelschuhe und den kurzen Schurzrock, dessen geschwungene Säume sich deutlich abzeichnen. Die Hand des angewinkelten rechten Armes hält den großen, auf der Schulter getragenen Bogen, dessen senkrechte Sehne mit der linken Abbruchkante der Stele zusammenfällt. Der linke Arm ist in der «Grußgestus» genannten Weise in Richtung auf eine in der rechten Szene undeutlich zu erkennende Gestalt ausgestreckt. Über der Hand dieses linken Armes sind Spuren plastischer Formen zu erkennen, es handelt sich dabei wohl um den Rest des Logogramms CERVUS$_2$, eines Hirschgeweihs, des Namenszeichens des dargestellten Gottes; es ist der Schutzgott Kurunti bzw. Runtija. Auf der linken Schulter des Gottes sitzt ein Vogel; ein solcher ist häufig als Attribut des Schutzgottes belegt, zum Beispiel auf dem Fries des Hirschrhytons der Schimmel-Collection.[123] Die Herkunft dieses aus einer Raubgrabung stammenden Vergleichsstückes, das in der Gesamtkomposition, in den relativen Größenverhältnissen der dargestellten Gestalten und auch in Einzelheiten gut der Stele von Altınyayla entspricht, ist zwar unbekannt, doch wird angenommen, daß es aus dem 15. Jh. v. Chr. stammt.

Die Anordnung der Namenszeichen vor dem Kopf der abgebildeten Gestalten ist bei den Felsreliefs des hethitischen Kernlandes als eine kanonische Regel zu beobachten, im Gegensatz zu den Reliefs des südlichen Landes Kizzuwadna, wo die Anordnung der Beischriften hinter dem Kopf die Regel ist. Gut erhalten ist die Kopfpartie des Gottes, die Profillinie mit Stirn, Auge, Nase und Kinn, aber auch das Ohr mit dem großen Ohrschmuck und vielleicht auch die Nackenhaare. Die Kopfbedeckung, deren unterer Wulstrand sich deutlich abzeichnet, ist in ihrem oberen Teil durch die Abbruchkante der Stele zerstört, aber der geradlinige Ansatz des erhaltenen unteren Teiles läßt zweifelsfrei eine Ergänzung zum üblichen Spitzhut der Götter zu. Ein Horn an der Vorderseite, das aber nicht zwingend erforderlich ist (s.u.), kann man in der Streiflichtaufnahme nicht ausmachen.

Die rechte Hälfte des Reliefs ist schlechter als die linke erhalten; die Einzelheiten sind in der Abbildung viel schwerer zu erkennen. Auch ist die rechte Kante der Stele durch Verwitterung stark abgenutzt und dadurch bis in die Bildfläche hinein abgerundet. Ihre obere rechte Ecke weist eine Ausklinkung auf, deren Funktion nicht mehr zu entscheiden ist. Ihre Form und Abmessung könnte am ehesten auf ein Auflager für einen Balken oder Türsturz hindeuten. Falls diese Vermutung zuträfe, dann könnte die Stele einst als die mit einem Relief geschmückte, an der Kante abgenutzte Leibung einer Türöffnung gedient haben. Im rechten Teil der Bildfläche sind die Reste einer nach links gewandten, sehr großen männlichen Gestalt in den unteren Partien noch etwas besser als in den oberen zu erkennen. Der Mann ist, obwohl er auf dem gleichen Niveau wie der gegenüber befindliche Hirsch steht, etwa so groß wie Hirsch und Gott zusammen. Die Gestalt wird von zwei kleinen Genien auf deren erhobenen Armen getragen. Deutlich zeichnet sich das – vorgestellte kräftige Bein – wohl das rechte – des Mannes vom Fuß bis über das Knie und bis an den geschwungenen Rocksaum ab. Dieser blieb auch am zurückgestellten, linken Bein mit dem Ansatz des Oberschenkels erhalten, während die untere Partie des Beines nur noch in der abgewitterten Rundung der Stelenkante angenommen – werden kann. Schon diese Details weisen die Kleidung des Mannes als das übliche Gewand hethitischer Männergestalten aus. Im Bereich des Rumpfes lassen sich noch mehrere Spuren einer plastischen Innenzeichnung ausmachen, die jedoch an der Abbildung nicht zu identifizieren sind. Hier könnte ein Abguß zu besserer Wahrnehmung führen. Ganz deutlich aber führt ein leicht geschwungener Wulst etwa von der Hüfthöhe hinab bis zu einer nicht genau zu erkennenden, plastischen Struktur auf der Standfläche, zwischen den vorgestreckten Füßen der rechten Gestalt und des Hirschen der linken Szene. Damit wird klar, daß es sich hier um die in mehreren hethitischen Felsreliefs belegte Darstellung einer Libation handelt, bei der von dem Opfernden zu Ehren des Gottes eine Flüssigkeit aus einem in der Hand gehaltenen Gefäß in ein auf dem Boden stehendes Becken oder eine Mulde im Felsboden geschüttet wird. Das Gefäß in der Hand des Mannes kann man in einem runden Wulst am oberen Ende der Libationsspur annehmen. Die Höhenlage entspricht anatomisch richtig der Höhe der Hand des Armes, vielleicht des vom Betrachter abgewandten, rechten Armes, falls der linke eine Waffe hielt.

Abb. 148 Altınyayla/Sivas. Die kürzlich gefundene Stele im Museumshof. Die linke Partie zeigt den Gott Kurunti/Runtija.

Weitere Einzelheiten im Bereich des Oberkörpers lassen sich vorerst nicht sicher definieren, wenn man von dem groben Eindruck der durch die Schulterpartie zu erwartenden Zäsur absieht. In Erinnerung an die Vergleichsobjekte, deren Details und die dort übliche Haltung der Adorierenden meint man von der Kopfpartie noch die schwachen Spuren des Gesichtes, des Kinns, vielleicht auch das Auge und das Ohr und auch den Wulstrand des dann in voller Höhe erhaltenen Spitzhutes wahrzunehmen. Wiederum ist hier auf eine eingehendere Untersuchung anhand eines Abgusses zu hoffen.

Abb. 149 Malkaya. Frei in der Ebene liegt der Inschriftstein, West-und Südwest-Seite.

Abb. 150 Malkaya. Detail der Westseite.

Die erhalten gebliebenen Details dieses Steinbildwerkes erlauben jedoch die oben dargelegte, hinreichend sichere Deutung des Bildinhaltes. Der Schutzgott Kurunti/Runtija ist durch mehrere identische Abbildungen belegt, beispielsweise in dem späthethitischen Felsrelief am Karasu und auf einem der großreichszeitlichen Siegelabdrücke des Großkönigs Kurunta, die in der Hauptstadt Ḫattusa am Nişantaş und im Tempel 3 gefunden wurden.[124] Hörner am Spitzhut gelten zwar als häufiges Merkmal der Götterbilder, jedoch belegen mehrere Vergleichsobjekte, bei denen der Schutzgott einen Spitzhut ohne Hörner trägt, daß – mindestens bei diesem Gott – ein Horn nicht zwingend war. Auffallend ist, daß in der Altınyayla-Stele die anbetende Person sehr viel größer als der Gott dargestellt ist, während bei vergleichbaren Szenen der Gott größer oder gleich groß wie der Adorant abgebildet ist. Gott und Hirsch zusammen sind so groß wie der Adorant. Das entspricht den Größenverhältnissen bei der Darstellung der gleichen Szene auf dem Fries des Hirschrhytons aus der oben erwähnten Schimmel-Collection. Die Ursache dafür mag in dem Vorsatz der Isokephalie (gleichen Kopfhöhe) liegen, die hier trotz der begrenzten Fläche der Stele (oder des Gewändes?) und der dadurch erforderlich gewesenen Einschränkung der Komposition erreicht werden sollte.

Die Schrittstellung aller Gestalten des Reliefs – des Gottes, des Adoranten und des Hirschen – gibt Anlaß, daran zu erinnern, daß diese Haltung keineswegs ein «Schreiten», eine Vorwärtsbewegung ausdrücken muß, diese allenfalls nur ausnahmsweise meinen kann. Regelmäßig ist die Darstellungsweise der menschlichen Gestalten und damit auch der Götter in der hethitischen Bildkunst wechselseitig, die Beine und der Kopf werden im Profil, der Rumpf dagegen frontal abgebildet, so, wie auch in der ägyptischen Kunst. Ebenso liegt bei dem Hirschen – ähnlich wie bei hethitischen Stierbildern – eine Wechselseitigkeit der Darstellung vor, Kopf und Körper erscheinen im Profil, das Geweih hingegen frontal.

Abbildungen des Schutzgottes sind aus den Zeiten des hethitischen Großreiches und der späthethitischen Nachfolgestaaten erhalten, neben Tonbullen aus Ḫattusa z. B. auf einem Steatitrelief aus Alaca Höyük (15./14. Jh. v. Chr.), auf einem Orthostaten aus Malatya (11. Jh. v. Chr.), im Felsrelief am Karasu (10. Jh. v. Chr.) und auf dem Orthostaten aus Haci Bebekli (9. Jh. v. Chr.). In allen steht der Gott zwar auf einem Hirschen, jedoch unterscheiden sich die Reliefs in manchen Details. So sind die geschwungenen Säume der Schurzröcke regelmäßig das Merkmal der großreichszeitlichen Bilder, während bei den späthethitischen die Säume durchweg gerade verlaufen. Auch die kraftvolle Ausformung der Gestalten im Gegensatz zu den viel weicheren Formen der späthethitischen legt eine Datierung des Reliefs der Stele von Altınyayla in die Zeit des hethitischen Großreiches nahe. In jener Zeit bestand in dieser Region südwestlich von Sivas auch die bereits im 16. Jh. v. Chr. gegründete hethitische Stadt Sarissa, auf derem mächtigen, mit zahlreichen Großbauten besetztem Stadthügel seit Jahren erfolgreiche archäologische Ausgrabungen unter der Leitung von A. Müller-Karpe durchgeführt werden.

MALKAYA – SCHATZSUCHER AM INSCHRIFTFELSEN

Weit entfernt von Siedlungen liegt westlich der Stadt Kirşehir auf einer ausgedehnten, kahlen Hochfläche ein freistehender Felsblock, der auf seinen nach Norden, Westen und Süden gerichteten Seitenflächen Ritzinschriften trägt (Abb. 149. 150). Diese wurden nach der 1947 erfolgten Entdeckung wiederholt von H. Th. Bossert untersucht und publiziert.[125] Eine kurze Zusammenfassung der Ergebnisse findet sich bei E. Rossner.[126]

Die wissenschaftliche Bearbeitung hat seinerzeit zwar eine Anzahl von Einzelbefunden ergeben, doch nicht zu einer zusammenhängenden Lesung geführt. Wegen der Art der Schriftzeichen wurden die Inschriften von Bossert, der mehrere luwische, vorhethitische und ḫurritische Namen sowie den eines Königssohnes sah, der hethitischen Großreichszeit zugeordnet, ohne daß ihm eine genauere Datierung möglich war.

Die wohl letzte Bearbeitung der Inschriften wurde durch P. Meriggi, der die Namen von verschiedenen Prinzen las, vorgenommen und 1975 publiziert.[127] Er zählt die Inschriften der verschiedenen Seiten folgendermaßen auf:

- «Südseite»: eine Inschrift
- «Ostseite»: zwei Inschriften
- «Nordseite»: drei Inschriften (Abb. 167. 168)
- «Westseite»: Nur drei oder vier Zeichen erkennbar.

Besucher dieses Inschriftenfelsens sollten beachten, daß die Angaben der unterschiedlichen Himmelsrichtungen, die z. T. von den 90°-Richtungen abweichen, bei den verschiedenen zitierten Autoren differieren. Die volles Sonnenlicht zeigenden Abb. 149 und 150 wurden am Nachmittag aufgenommen, die Himmelsrichtung ist 310° von Norden, d. h. westlich von Nordwest (vgl. Meriggi: Nord). Auch die übrigen Richtungen sind meist ungenau oder unzutreffend angegeben.

Schon bei der ersten wissenschaftlichen Aufnahme wurde von unbelehrbaren Schatzsuchern berichtet, die erhebliche Schäden an Teilen der Inschriften verursacht hatten.[128] Diese bedauerlichen Aktivitäten gehen weiter, wie wir im Jahre 2001 leider feststellen mußten. Von den Seiten her waren unter dem Felsblock frische Grabungslöcher ausgehoben worden, und in die Inschriftfläche der Südseite hatte man Bohrlöcher getrieben (Abb. 151). Die waagerechte, obere Fläche des Felsblocks wies gar einen Sprengtrichter auf (Abb. 152). Es ist zu fürchten, daß die Überlebenschance des Inschriftensteines gering sein wird. Zwar kann man den Namen «Mal-kaya» mit «Herden-Fels» übersetzen, doch bedeutet «Mal» nicht nur «Großvieh, Rindvieh», sondern (familiär) auch «Zaster, Moneten», und wird in Wortverbindungen für «Geld-, Finanz-» etc. verwendet, eine Bedeutung, die von den Schatzsuchern, die in und unter dem Inschriftenstein von Malkaya tätig sind, gewiß vorgezogen wird.

Abb. 151 Malkaya. Südseite mit Bohrlöchern.

Abb. 152 Malkaya. Sprengtrichter in der Oberseite.

WESTLICHE REGION AN DER ÄGÄISKÜSTE

AKPINAR – MONUMENTALE GOTTHEIT THRONT IN DER FELSWAND

Das inneranatolische Hochland war das Kerngebiet des Hethitischen Reiches, sein eigentliches Zentrum die Landschaft, die der Kızılırmak, der Fluß mit dem antiken Namen Halys, auf seinem Weg zum Schwarzen Meer in einem weitem Bogen umfließt. Hier, nahezu im Zentrum des sog. Halysbogens, liegt auch Ḫattusa, seit dem 16. Jh. v. Chr. die Hauptstadt des Reiches. Die Mehrzahl der großreichszeitlichen Felsreliefs liegt um dieses Kerngebiet herum. Schon gegen Mitte des 16. Jhs. v. Chr. richteten die Hethiter politische und militärische Aktionen über die Barriere des Taurusgebirges hinweg nach Süden und Südosten, um Nordsyrien unter ihre Oberhoheit zu bringen. Seit dem 15. Jh. v. Chr. unternahmen sie auch Feldzüge nach Westen bis zur Küste des ägäischen Meeres. Dort zeugen in der küstennahen Region drei hieroglyphen-luwische Inschriften (s. dort) – Akpınar, Karabel, Suratkaya im Latmosgebirge –, zwei von ihnen mit fi-

Abb. 153 Akpınar. In der Wand des Sipylosgebirges liegt die Nische mit dem Relief.

gürlichen Felsreliefs verbunden, von den Beziehungen zum Hethitischen Großreich. Dagegen sind in den weiten Landstrichen zwischen der Westküste und dem Kerngebiet des Reiches hethitische Felsreliefs (zumindest bisher) nicht bekannt[129], vielleicht abgesehen von der Flügelsonne in Beyköy und der kürzlich in Zweitverwendung gefundenen Stele im Archäologischen Museum von Afyon (s. Kap. S. 48 ff.).

Im Norden des Sipylos-Gebirges, 40 km nördlich von İzmir, dem antiken Smyrna, erstreckt sich von Ost nach West die weite, fruchtbare Ebene des Gediz Nehri, des antiken Hermos, die der Fluß auf seinem Weg von Inneranatolien zum Meer duchströmt. Durch dieses Flußtal verlief zu allen Zeiten eine wichtige Verbindung von den Küstenländern ins Innere Kleinasiens, und auch die modernen Verkehrswege nützen diese natürliche Gegebenheit. Auf die Bedeutung, die diese Landschaft auch noch bis in klassische Zeit besaß, weisen die etwa 60 km flußaufwärts liegenden Ruinen von Sardis, der Hauptstadt des mächtigen Reiches der Lyder hin, und nördlich des Hermos die gewaltigen Tumuli von Bin Tepe, der Nekropole der lydischen Könige. Im 2. Jt. v. Chr. gehörte die Ebene zum Land Sēḫa. In dieser Gegend – wahrscheinlich auf den Höhen des Sipylosgebirges bzw. der Boz Dağları lag im 2. Jt. v. Chr. die Grenze zweier westkleinasiatischer Staaten, des sich nach Norden erstreckenden Staates Sēḫa und des südlich angrenzenden Staates Arzawa bzw. – ab 1315 v. Chr. – Mirā.

Südlich der Stadt Manisa/Magnesia, des Hauptortes dieser Region, ist in der Nordwand des Kalksteingebirges ca. 150 m hoch über dem Tal eine nach Nordnordost (200°) gerichtete, monu-

Abb. 154 Akpınar. Frontale Ansicht des Reliefs vom Standpunkt unterhalb der Nische.

Abb. 155 Akpınar. Die Statue von rechts.

Abb. 156 Akpınar. Der Kopf der Statue von links, hoher Standpunkt.

Abb. 157 Akpınar. Beide Inschriften rechts neben der Nische.

*Abb. 158 Akpınar. Linke Beischrift (Nr. 1) bietet den Namen Kuwalanamuwa (*EXERCITUS-*mu).*

mentale Nische von 4,60 m Breite und ca. 7,50 m Höhe ausgearbeitet worden. In ihr scheint eine fast vollplastisch wirkende, sitzende Gestalt in frontaler Darstellung das Flußland zu überblicken (Abb. 153). Starke, am Fuße der Wand austretende Quellen haben dort Teiche gebildet und beschicken noch heute die städtische Wasserversorgung, durch deren Wegebau der Aufweg zum Relief unklar geworden ist. Ein vor Jahren im Bereich des Einstieges errichteter Freizeitpark mit Tierkäfigen und Picknickplätzen ist inzwischen verkommen und verwachsen. Das Gelände steigt bis zum Relief so steil an, daß ein Herantreten und frontales, unverzerrtes Betrachten des Bildwerkes nicht ohne Gerüstbau möglich ist. Jedoch erlauben die davor und daneben liegenden Felsbuckel und die außerordentliche Relieftiefe ein hinreichend genaues Studium der erhaltenen Details von verschiedenen Seiten sowie eine Überprüfung der sehr unterschiedlichen Berichte und Deutungsversuche der Vergangenheit.

Bereits Pausanias (III 22) beschrieb eine »allerälteste Bildsäule der Göttermutter [...] im Lande der Magneten«, aber erst Reisende des 18. und 19. Jhs. (E. Cishull, R. Chandler, Donner von Richter, Ch. Texier, J. R. Steuart, H. E. Strickland, K. B. Stark, H. J. von Lennep, A. Martin, G. Weber, G. Hirschfeld, A. H. Sayce, J. Perrot) berichteten über ihre teilweise stark voneinander abweichenden Beobachtungen an dem Relief. Insbesondere die Frage, ob hier eine weibliche oder eine männliche Skulptur dargestellt war, blieb bis in die Gegenwart umstritten, da Einzelheiten je nach ihrer Wichtung einmal die eine, dann wieder die andere Deutung zu bestätigen schienen. Während die älteren Besucher in Übereinstimmung mit dem Bericht des Pausanias meist eine weibliche Gottheit erkannten und auch E. Akurgal[130] die «Göttermutter» und auch K. Bittel[131] eine Göttin sahen, zweifelten bereits 1880 W. Simpson und G. Dennis das weibliche Geschlecht der Figur an, weil sie an ihr einen Bart beobachtet hatten. Dem folgt auch P. Z. Spanos[132], für den das Relief nicht eine sitzende, sondern sogar eine stehende, männliche Figur mit einer Hörnerkrone als Kopfbedeckung zeigte. Auch K. Kohlmeyer kommt nach eingehender Prüfung der verschiedenen Argumente und sorgfältiger, eigener Beobachtung der Einzelheiten des Bildwerkes zu dem Schluß, daß «wegen des [...] Bartes die Gestalt auf dem Thron männlich ist».[133]

In der sehr tiefen, oben ausgerundeten inneren Nische, deren obere Hälfte außen von einem zweiten, weniger tiefen Nischenumriß mit ausgerundeten Ecken begleitet wird, sitzt zweifelsfrei eine frontal dargestellte Figur auf einem Thron, dessen Seitenwangen beiderseits der Knie deutlich betont sind (Abb. 154). Unterhalb der leicht eingezogenen Unterschenkel springen die Ansätze der Füße in einer Höhe von 2,60 m über der Basis wieder in die Bildebene vor. Diese stehen auf einem zu beiden Seiten hin abgerundet ausladenden Sockel. Oberhalb der Kniehöhe von 3,75 m ist der Oberkörper, vor dessen Brust beide angewinkelten Unterarme liegen, wieder tief eingezogen, und an dem linken Arm erkennt man noch den Rest der geballten (?) Faust, während der Umriß des abgebrochenen rechten Armes sich durch eine scharfe Bruchkante abzeichnet. Unklar muß bleiben, ob die thronende Gestalt einen Gegenstand in der Hand oder gar in beiden Händen hielt. Der Eindruck einer übertrieben gedrungenen Form des stark zurückspringenden Oberkörpers ist auf die perspektivische Überschneidung mit den vorspringenden Knien bei der Ansicht aus der Froschperspektive zurückzuführen (vgl. Abb. 155). Die Taillenpartie, die in der Abbildung unterhalb des angewinkelten Armes sichtbar wird, zeigt deutlich gestrecktere Proportionen.

Höchst schwierig ist die Deutung der Reste der stark beschädigten, aus der Flucht des Oberkörpers wieder weit in die vordere Bildebene vorspringenden Kopfpartie. Diese ist wegen der unterschiedlichen Ebenen nur in entstellender perspektivischer Verzerrung wahrzunehmen. Bei der Ansicht von rechts auf die linke

Körperseite der Gestalt erscheint ein hoch aufgerichteter Kopf mit massivem Kinnbart und kurzem Halsansatz, mit den Spuren der Kinnbacke und der runden Hinterkante einer – falls diese Annahme zutrifft – außerordentlich großen Ohrmuschel. Dahinter erkennt man drei senkrechte Stege, die – was schon Sayce annahm – vielleicht eine Stilisierung des bis auf die Schultern fallenden Haupthaares sein kann (vgl. Abb. 155). Dieses Bild würde der von Kohlmeyer vorgeschlagenen Deutung entsprechen.

Dagegen spricht jedoch unterhalb des vermuteten großen Bartes der klar ausgerundete Bogen der Kehle (Abb. 156). Dessen ungewöhnlich tiefer Ansatz belegt, daß darüber wohl nicht jener Bart liegen kann, sondern das Kinn der Gestalt als Rest des tief zwischen die betonten Schultern gezogenen Kopfes einer untersetzten Figur, wie sie bei Abbildungen hethitischer Berggötter regelmäßig zu beobachten ist – wenn auch selten in frontaler Position. Die stark beschädigte Partie oberhalb des Kopfes wäre dann der Rest der Kopfbedeckung, für die vielleicht ein gedrungener, hörnerbesetzter Spitzthut in Betracht kommt. Für die von Kohlmeyer an der linken Kopfseite als Ohr und Backe gedeuteten Strukturen bietet sich unter dieser Annahme zunächst keine Erklärung an, allenfalls könnte der Bogen der von ihm angenommenen, dann viel zu groß geratenen «Ohrmuschel» eines riesigen Kopfes das Rudiment eines Horns des Hutes sein. Kohlmeyer sah drei senkrechte Stege hinter dem Kopf als wohl ungewöhnliche Haartracht an. Das könnte nur dann zutreffen, wenn der Kopf barhäuptig dargestellt war – eine bei hethitischen Götterbildern unbekannte Gestaltung. Eine wie immer geartete Kopfbedeckung müßte ja wohl unmittelbar über dem «Ohr» ansetzen. Für eine solche ist dann aber darüber unter dem Rand der Nische kein Raum vorhanden.

Rechts neben dem Relief sind zwei hieroglyphen-luwische Inschriften vorhanden (Abb. 157), die linke (Akpınar 1) im flachen Relief, die rechte (Akpınar 2) als Ritzinschrift ausgeführt. Die Inschrift Akpınar 1 ist seit den 80er Jahren des 19. Jhs. von mehreren Forschern publiziert worden (Abb. 158). Die Wiedergabe der fünf Zeichen durch Dennis (1881) kommt der von Kohlmeyer (1983) schon recht nahe, und der Name wurde bereits durch H. Th. Bossert[134] gelesen:

EXERCITUS-*mu* REX+FILIUS

Es liegt also der gleiche Prinzenname *Ku(wa)lanamuwa* bzw. *Ku(wa)lamuwa* vor wie in den Beischriften der Felsreliefs von İmamkulu und Hanyeri (s. Kap. S. 70 ff.), ohne daß es sich jedoch um denselben Namensträger handeln muß. Auch die Gleichsetzung mit dem in den «Ausführlichen Annalen» Mursilis II. genannten Großen dieses Namens (s. o. İmamkulu) läßt sich nicht sichern. Ebensowenig ist ein Prinz des Landes Sēḫa bezeugt, der diesen Namen trägt. Die Inschrift trägt somit nichts zur Datierung des Reliefs bei, wenngleich dessen Entstehung während der hethitischen Großreichszeit (14.–13. Jh. v. Chr.) als wahrscheinlich gelten darf.

Etwa 1,50 m tiefer als die Inschrift Akpınar 1 und ebensoviel weiter rechts ist die zweite, zwar verwitterte, aber noch mäßig gut zu erkennende, flache Ritzinschrift Akpınar 2 zu sehen (Abb. 159). Bereits 1882[135] wurde sie recht genau publizert, aber seitdem nicht mehr erkannt oder beachtet, bis 1978 H. G. Güterbock gemeinsam mit R. A. Alexander das Relief aufsuchte und die Beischrift erneut studierte, ohne daß ihm eine vollständige Lesung gelang. Seine zeichnerische Wiedergabe entspricht weitgehend derjenigen Kohlmeyers.[136] Die wohl jüngste Bearbeitung erfolgte durch M. Poetto.[137] Auch danach ist die Lesung der Beischrift insgesamt problematisch geblieben.

Beide Inschriften geben keinen Hinweis auf die im Felsrelief abgebildete Gestalt. Allerdings darf als sicher gelten, daß es sich hier nicht um eine weibliche Gottheit, Muttergöttin etc. handelt. Dieser Eindruck mag wohl durch die zahlreichen, 600–700 Jahre jüngeren phrygischen Kybele-Bildwerke, bei denen die frontale Darstellung der Muttergöttin in Felsnischen die Regel ist, ausgelöst worden sein. Das Relief stellt gewiß eine männliche Gottheit, wahrscheinlich einen Berggott, dar. An der Version des bärtigen Gottes bestehen zwar die oben angeführten Zweifel, eine Wichtung der verschiedenen, sich zum Teil widersprechenden Argumente ergibt jedoch einen höheren Wahrscheinlichkeitsgrad für diese Deutung als männliche Gottheit.

Abb. 159 Akpınar. Rechte Beischrift, Nr. 2.

KARABEL – GRENZMARKE DES LANDES MIRĀ, JETZT ENTSCHLÜSSELT

Etwa 25 km östlich von İzmir, der Antiken Stadt Smyrna, biegt von der alten, nach Sardis führenden Straße südlich des Sipylosgebirges der im Altertum wichtig gewesene Weg zur Mäanderebene südwärts ab. 8 km südlich des Ortes Kemalpaşa passiert die heute ausgebaute Straße, die zum 465 m hohen Karabelpaß über das Tmolosgebirge/Boz Dağları zieht, in einer scharfen Kurve zwischen zwei Bergrücken eine Engstelle, die dem Platz den Namen gab: Karabel = finsterer (schwarzer) Engpaß (Abb. 160). Etwa 40 m über dem nördlichen Straßenrand liegt in einer leicht schräg nach Süden (185°) abfallenden Kalkstein-Felswand, die wegen ihrer Verwitterungsspuren als natürlich entstanden anzusehen ist, das sog. Relief «Karabel A».

In der nächsten Nachbarschaft gab es vordem noch weitere, kleinere Felsbilder, einen «Karabel B» genannten Reliefblock und zwei als «C_1» und «C_2» bezeichnete Inschriftenblöcke, die alle jenseits des früheren Bachbettes neben der alten Straße lagen.[138] Bei dem ersten Ausbau der Straße und bei einer jüngst vorgenommenen erneuten Verbreiterung sind diese Bildwerke endgültig verloren gegangen. Die Publikation von Kohlmeyer (1983)[139] stellt somit die letzte Möglichkeit dar, sich über diese verlorenen Werke, deren Einzelheiten ganz im zeitlichen Zusammenhang mit dem erhalten gebliebenen Relief A standen, zu informieren. Auch der Torbogen, der früher die Straße bei den Reliefs überspannte, wurde bei der Verbreiterung der Straße, die wohl gelegentlich der Errichtung eines auf der Paßhöhe eingerichteten Freizeitparks erfolgte, abgebrochen (Abb. 163).

1,65 m über dem Vorgelände beginnt eine 2,35 m hohe, in der Ansicht trapezförmige Nische (unten 1,95 m, oben 1,56 m breit, unten 0,50–0,60 m tief). In ganzer Nischenhöhe ist eine nach rechts schreitende männliche Gestalt abgebildet (Abb. 161). Die Relieftiefe beträgt bis 0,15 m. Wie bei großreichszeitlichen Reliefs üblich, erfolgte die Darstellung wechselseitig: Kopf und Beine im Profil, Oberkörper frontal. Die Figur trägt die Kleidung und Bewaffnung des hethitischen Kriegers: Die Schnabelschuhe, den kurzen Schurzrock, dazu den hohen Spitzhut, an dem drei senkrechte und ein unterer Steg sowie über der Stirn ein nach oben gebogenes Horn zu erkennen sind. Die kräftig gezogene Nackenlinie dürfte die Haartracht andeuten. Die Gesichtspartie zeigt außer dem Profil das Auge mit stark modellierter Braue und an der richtigen Stelle den Rest eines großen Ohrschmuckes, während darüber das Ohr nicht mehr sicher ausgemacht werden kann. Besser als bei anderen Felsreliefs sind Einzelheiten der Kleidung noch recht gut erhalten, so drei Rillen als Verzierung am geschwungenen Saum des Schurzrocks und dessen vorderer, senkrechter Tuchrand, ferner verzierende Leisten an der Bekleidung der Oberarme und über den Ellbogen.

Das Schwert, dessen halbmondförmiger Griff vor der Taille zu sehen ist und von dessen Scheidenspitze noch schwache, verwitterte Spuren hinter dem Rücken heraustreten, trägt der Krieger auf der linken, der «richtigen» Seite. Hingegen wird der Bogen auf der Schulter des rechten, des Schwertarmes (!) getragen. Ebenso müßte bei «richtiger» Wiedergabe der Speer bzw. die Lanze mit dem rechten, nicht mit dem linken Arm gehalten werden. Eine derart widersprüchliche, bei einem Krieger unzutreffende Darstellung tritt bei den großreichszeitlichen Felsreliefs nur dann auf, wenn sich die Gestalt nach rechts wendet, eine Besonderheit der Ausrichtung, für die wichtige Gründe, beispielsweise bei Grenzreliefs, bestanden haben müssen, über die bei dem Felsrelief von Hatip (s. Kap. S. 101 ff.) berichtet werden soll. Anders als bei den übrigen, dieser Besonderheit unterliegenden Bildwerken, bei denen das Schwert und der Bogen auf der rechten, somit «falschen» Körperseite hängen, trägt der Krieger hier bei dem Karabelrelief das Schwert jedoch hinter dem Körper auf seiner linken, der «richtigen» Seite. Dadurch wird die Darstellung zusätzlich irritiert. Dagegen zeigen Reliefs mit nach links gewandten Kriegergestalten, die diese Besonderheit ja nicht aufweisen, wirklichkeitsgetreue Seitendarstellung.

In der Fläche zwischen dem Krieger und der Lanze ist eine Beischrift aus nur zum Teil gut erhaltenen luwischen Hieroglyphen in flachem Relief ausgearbeitet worden, vor dem Kopf, wie es bei den Felsreliefs des Kerngebietes – nicht aber bei denen im Süden im Lande Kizzuwadna – üblich war (Abb. 162). Das Relief vom Karabel und das benachbarte von Akpınar waren zu allen Zeiten bekannt, gut sichtbar und lagen zudem nahe bei der für den Beginn der frühen Anatolienreisen günstig gelegenen Hafenstadt İzmir/Smyrna. Daher wurden zahlreiche Berichte und Deutungsversuche von Autoren schon vom Altertum bis in unsere Tage bekannt, die erst im Jahre 1998 ein schlüssiges Ergebnis zeitigten. Zu einer Zeit, als die Erinnerung an die Hethiter längst erloschen war, bezeichnete Herodot (II 106) – wohl nicht nach eigener Beobachtung, sondern aufgrund von Berichten Dritter – das Relief als Bild des ägyptischen Pharaos Sesostris und die Zeichen der Beischrift als ägyptische Hieroglyphen:

«Von den Säulen, die der Ägypterkönigkönig Sesostris in den einzelnen Ländern errichten ließ, sind die meisten offenbar nicht mehr erhalten; [...]. In Ionien gibt es auch zwei Darstellungen dieses Mannes, in Felsen eingemeißelt: eine auf dem Weg von Ephesos nach Phokaia, die andere auf der Straße von Sardes nach Smyrna. An beiden Stellen sieht man das Bild eines Mannes in

Abb. 160 Karabel A. Blick vom Paß nach Norden.

Abb. 161 Karabel A. Das Relief des Königs Tarkasnawa von Mirā an der Nordgrenze seines Landes.

Abb. 162 Karabel A. Erst 1998 wurde die Beischrift vor dem Kopf des Königs sicher gelesen.

Abb. 163 Karabel A. Früher führte die Straße durch dieses inzwischen abgebrochene Tor.

der Größe von 4½ Spannen. In der rechten Hand hält er eine Lanze, in der linken Bogen; dem entspricht die übrige Ausrüstung: sie ist ägyptisch und aithiopisch. Von der einen Schulter zur anderen sind über die Brust heilige ägyptische Schriftzeichen eingemeißelt, die besagen: ‹Dieses Land habe ich mit meinen Schultern unterworfen›. Wer er ist und woher er kommt, nennt er hier nicht; aber an anderen Orten hat er es getan. Manche, die diese Bilder gesehen haben, meinen, sie stellen Memnon dar; das entspricht aber keinesfalls der Wahrheit.»

Ausführlich beschrieben Bittel und Kohlmeyer die Forschungsgeschichte, aus der die Namen der folgenden Autoren entnommen sind: Nachdem die ersten Berichte aus dem Beginn des 19. Jhs. erschienen, zweifelte man noch 1839 (Ch. Texier) und 1840 (C. R. Lepsius) nicht an der ägyptischen Herkunft, und es gab sogar die Meinung, daß es sich um eine, nach Herodots Bericht angefertigte, römische Arbeit handelte. 1843 wies H. Kiepert dann in Zeichnung und Text durch Vergleiche mit den Reliefs von Yazılıkaya nach, daß weder das Bild, noch die Hieroglyphen ägyptisch sein konnten. Nachdem sich später die Zuweisung zur hethitischen Bildkunst durchsetzte, wurden eine ganze Anzahl von mehr oder weniger zutreffenden zeichnerischen Wiedergaben der Beischrift publiziert.[140] In den bei Bittel und Kohlmeyer genannten Fundstellen[141] sind die unterschiedlichen Deutungs- und Datierungsversionen der wissenschaftlichen Diskussion beschrieben, aus der die Namen von K. Bittel, H. Th. Bossert, E. Laroche, E. Akurgal, F. Steinherr, H. G. Güterbock, H. Otten, A. Kammenhuber, P. Meriggi, M. Wäfler zu nennen sind. Kohlmeyers Aufnahme der Schriftzeichen erwiesen sich inzwischen als sehr exakt, und seine aus Stilvergleichen entwickelte Eingrenzungen der Datierung haben sich ebenfalls als zutreffend erwiesen. Das ergab die 1998 publizierte Neubearbeitung der Beischrift durch Hawkins, die nach einer nahezu vollständigen Lesung der Hieroglyphen zu einer Identifizierung des dargestellten Kriegers führte.[142] Danach handelt es sich bei ihm um Tarkasnawa, einen König des Landes Mirā und Zeitgenossen Tudḫalijas III. aus der 2. Hälfte des 13. Jhs. v. Chr.

Die dreizeilige Inschrift (Abb. 162) ist im Anschluß an Hawkins zu lesen (links-/rechts-/linksläufig):

1. Zeile: REX TARKASNA-*u̯a/i* REX *Mi+ra/i-a*
«Tarkasnawa, König <des Landes> Mirā».
2. Zeile: AVIS$_x$ *-li*$^?$ REX *Mi+ra/i-a* REGIO [FILIUS]
«[Sohn] Alantallis, des Königs des Landes Mirā».
3. Zeile: [...]x REX *Mi+ra/i-a* REGIO NEPOS
«Enkel des [...], des Königs des Landes Mirā».

Ausschlaggebend für die jetzt durch diese Neulesung gesicherte Datierung ist die Identifizierung des Vaternamens Alantalli. Wenngleich der Name des Großvaters (3. Zeile) bis auf eine Zeichenspur nicht erhalten ist, so kann es doch wohl nur Kubantaruntija gewesen sein. Nach der Niederlage Arzawas und der Zerschlagung dieses westanatolischen Königsreiches durch den Hethiterkönig Mursili II. gehörten dessen Reste zu Mirā, das mit dem Hethiterreich eine gemeinsame Inlandgrenze am Westrand der anatolischen Hochebene, in der Gegend von Afyon hatte. Die Lesung der Karabel-Beischrift bietet nun einen weiteren Beleg für die Ausdehnug Mirās nach Westen bis zur Küste, wohl unter Einschluß der ehemaligen Arzawa-Hauptstadt Abāsa, des späte-

Abb. 164 Suratkaya. In der unzugänglichen Felslandschaft des Latmosgebirges liegt die erst im Jahre 2000 entdeckte Hieroglypheninschrift versteckt.

ren Ephesos.[143] Mirā, dessen «Rückgrat» (Hawkins) das Mäandertal gewesen sein muß, war nach 1315 v. Chr. der bedeutendste westanatolische Gliedstaat des hethitischen Reiches. Darauf weist auch die Tatsache hin, daß es gegen Ende des 13. Jhs. v. Chr. – gleich den Sekundogenituren von Karkamis und Tarḫuntassa – den Status eines Goßkönigtums erreichte.[144]

Die Neulesung der Inschrift vom Karabel durch Hawkins hat den Namen «Tarkasnawa» gesichert, der zuvor von einem Silbersiegel und von Siegelabdrücken aus Boğazköy/Ḫattusa unter dem dort unzutreffend gelesenen Namen «Tarkondemos» bekannt war, aber auch durch die Identifizierung des Landesnamens Mirā die sichere Lokalisierung dieses Landes ermöglicht[145], dessen Nordgrenze zum Land Sēḫa bereits 1975 von Güterbock am Karabel angenommen wurde.[146] Dem entspricht eben auch – mit den genannten Folgen (s. o.) – die nach rechts gewandte Krieger-/Königsgestalt. Und auch die 2000 gelungene Entdeckung einer mehrteiligen großreichszeitlichen Ritzinschrift am Suratkaya (s. Kap. S. 91 ff.) im südlicher gelegenen Latmosgebirge/Beşparmak, in der das Land Mirā genannt wird, fügt sich in dieses Bild ein.[147]

SURATKAYA – INSCHRIFTEN IM WILDEN LATMOSGEBIRGE

Die Inschriften am Suratkaya (Gesichtsfelsen) befinden sich in der schwer zugänglichen, zerklüfteten Berglandschaft des bis 1367 m hoch ansteigenden Beşparmak Dağı, des in der Antike «Latmos» genannten Gebirgszuges. Ostwärts des Bafasees bildet er einen abweisenden Riegel zwischen der Küstenregion und dem Hinterland. Der heute 16 km lange Inlandsee ist der Rest des sich noch in geschichtlicher Zeit 250 km weit in das Land hinein erstreckenden Latmischen Golfes, einer früheren Meeresbucht, die durch die vom Büyük Menderes, dem antiken Maiandros, mitgeführten Sedimente vom Meer abgetrennt wurde. (Abb. 165).

Abrupt ragen am Nordostufer des Sees die schroffen Wände des Gebirges auf, das in seinen östlichen, immer noch hohen Ausläufern in dem 860 m hohen Anadolu-Paß von Nord nach Süd durch eine alte Straße überquert wird, deren antike Pflasterung noch abschnittsweise erhalten ist. Dieser Weg verband die wichtige, aus Anatolien nach Westen durch das Mäandertal heranführende Straße mit der Küstenregion südlich des Golfes. Er erreicht bei dem Bergdorf Sakarkaya das nördliche Ende eines langen, sich nach Süden öffnenden Tales, das bei dem Dorf Derince in die Ebene mündet. Die wichtige Bedeutung dieses Weges über das Latmosgebirge wird deutlich, wenn man bedenkt, daß die Stadt Milet auf einer am Südufer in den Latmischen Golf hineinragenden Halbinsel lag, und daß der Weg über den Anadolupaß die nächstgelegene antike Landverbindung der Stadt mit dem Landesinneren war. Auch für die Feldzüge der hethitischen Großkönige war jene Route der kürzeste Weg in die Küstenregion (Abb. 165). Sie durchquerte das Gebiet des Landes Mirā, dessen Grenzen im vorangehenden Kapitel «Karabel» beschrieben wurden. Im Süden hat Mirā eine gemeinsame Grenze mit dem Land Lukkā gehabt, die vielleicht in der Gegend von Milas beim Kurukümesdağ gelegen haben mag. In der Gegend von Milet/Millawanda gehörte die Küstenregion zu jener Zeit zum Territo-

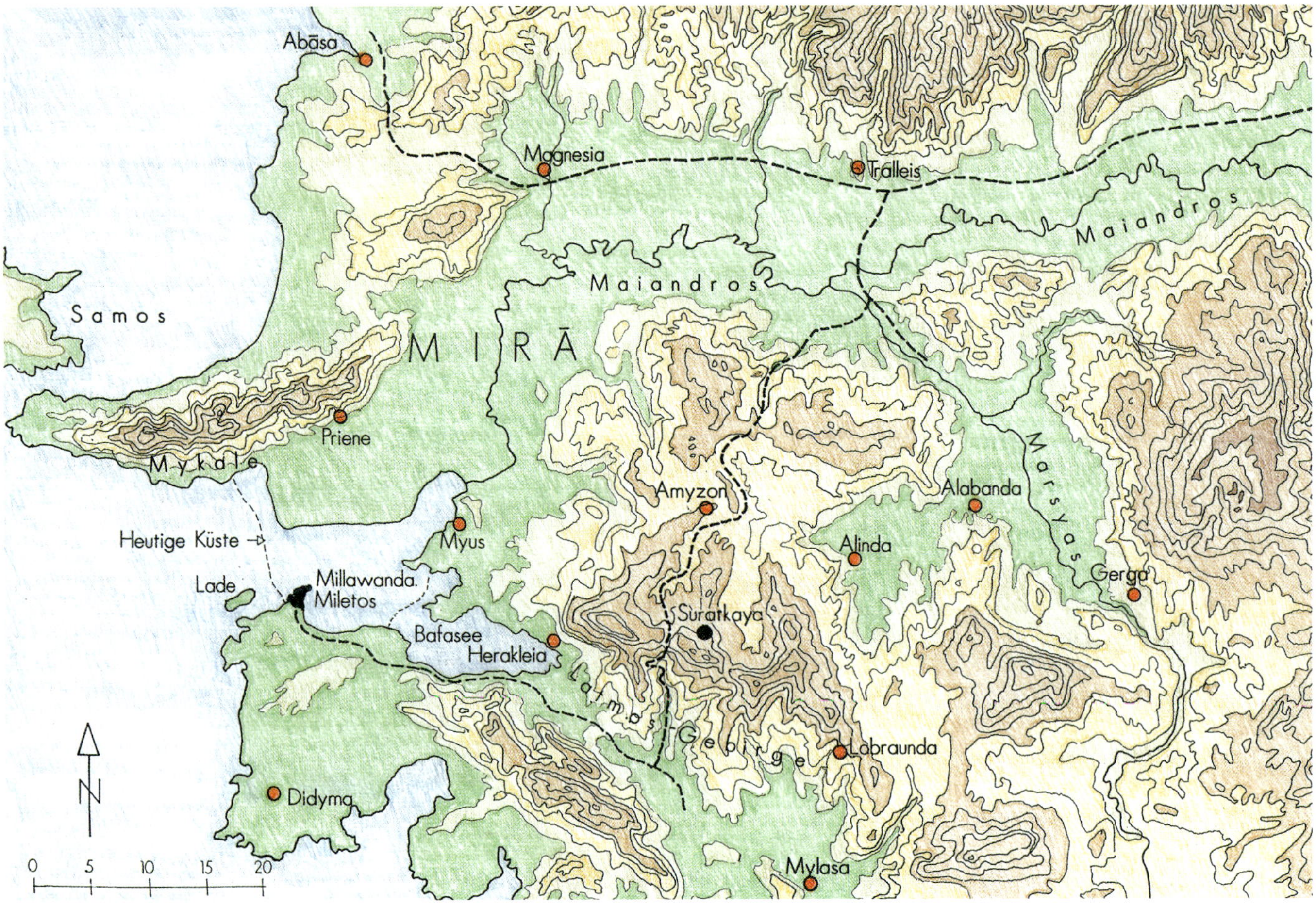

Abb. 165 Suratkaya. Die Landkarte zeigt die wichtige Bedeutung des antiken Weges vom Mäandertal über den Anadolu-Paß, auch nach dem jenseits des Latmischen Golfes liegenden Milet (hethitisch Millawanda).

rium des Landes Aḫḫijawa, das heute wohl zutreffend in Mittelgriechenland, mit der Hauptstadt Theben, lokalisiert wird.[148]

Ausgehend von den am Nordufer des Sees liegenden Ruinen der antiken Stadt Herakleia wurde das Gebirge in langjährigen Unternehmungen von der Archäologin A. Peschlow-Bindokat (Deutsches Archäologisches Institut, Berlin) erforscht, wobei sie außer zahlreichen prähistorischen Felsmalereien dann im Jahre 2000 auch hieroglyphen-luwische Inschriften entdecken konnte. Während die vorläufige wissenschaftliche Publikation 2001 erfolgte, erschien bald danach in der Zeitschrift ANTIKE WELT (2002) eine anschauliche Darstellung mit besseren Abbildungen.

Die Inschrift am Suratkaya (Gesichtsfelsen) befindet sich in etwa 1000 m Seehöhe nordöstlich, jenseits des Hauptkammes des Gebirges, weitab von befahrbaren Wegen in der Rückwand eines Felsabri (Abb. 166). Geschützt von dem weit vorspringenden Überstand des kahlen Felsens blieben die nur schwach eingeritzten Zeichen vor Erosion immerhin soweit bewahrt, daß wesentliche Teile noch erkennbar sind. Die etwa 12 m lange, im Mittel 3,60 m hohe Fläche mit der Inschrift ist nach Ost-Nordost (700) gerichtet (Abb. 167); das Sonnenlicht erreicht sie nur kurze Zeit nach dem sommerlichen Sonnenaufgang. Sie weist keine Reliefdarstellung auf, sondern besteht aus sechs unterschiedlich erhaltenen, in Abständen zueinander angeordneten Gruppen von Zeichen, die nach der durch S. Herbordt vorgenommenen Lesung[149] keinen zusammenhängenden Text enthalten. In der Publikation wurden die Zeichengruppen von links nach rechts mit den Ziffern 1–5 benannt. Die Umschrift der ersten, nur schlecht erhaltenen und deshalb hier nicht abgebildeten Gruppe lautet:

Mi+ra/i-a REGIO VIR$_2$ «Mann des Landes Mirā».

Wichtig ist, daß hier der Name des Landes Mirā genannt wird. In den anderen, teils linksläufigen, teils rechtsläufigen Hieroglyphengruppen sind neben Titeln auch die Namen von verschiedenen Prinzen aufgeführt, die derzeit noch nicht aus anderen Quellen bekannt sind. In der rechts folgenden Zeichengruppe 2–4 sind die Prinzennamen der linken Zeichengruppe 2 und 3 nur noch schwach auszumachen, recht deutlich erkennt man aber ganz rechts die Zeichen der Gruppe 4 (Abb. 168), die ebenfalls einen Prinzen nennen. Besonders gut erhalten ist aber ganz rechts die etwa 1,05 m breite, 0,90 m hohe Zeichengruppe 5 (Abb. 169), die aufgrund ihrer Größe und Anordnung wohl zutreffend als Benennung der bedeutendsten Person der gesamten Inschrift erkannt wurde. Darauf weist auch die zentrierte Form der Schriftzeichen, wie sie auch in einer königlichen Aedicula verwendet wird, hin. Wie bei jenen stehen beiderseits der zentralen Namenszeichen in antithetischer Anordnung die Zeichen Großprinz:

MAGNUS REX.FILIUS *Ku-pa-i/ia* MAGNUS REX.FILIUS

Prinzentitel kommen in zahlreichen hethitischen Felsreliefs vor, der Titel «Großprinz» hingegen tritt hier in der Felsinschrift am Suratkaya[150] erstmalig auf. Üblicherweise werden auch die Söhne der Großkönige lediglich als «Prinzen», d. h. ohne den Zusatz des Logogramms MAGNUS tituliert, so daß der hier genannte Prinz wahrscheinlich einen ganz besonderen Rang besaß. Dessen Personenname besteht aus drei übereinander angeordneten Zeichen: Oben steht das Silbenzeichen *ku*, darunter das Zeichen *pa* und unten das Zeichen *i(a)*, ebenfalls ein Syllabogramm. Für das mittlere, noch nicht identifizierte Zeichen wurde durch detaillierte Vergleiche eine Ähnlichkeit mit dem Silbenzeichen *pa* erkannt. Der Name wird in der Publikation als *ku-pa-i(a)* = Kupaya gelesen und als eine verkürzte Form des Namens Kupanta-Kuruntiya bezeichnet. Nach F. Starke ist der Personenname jedoch aus Gründen der Wortbildung als Kubantaruntija (Kompositum mit dem Namen Runtija des Schutzgottes) zu lesen.[151] Zum historischen Rahmen wird in der Publikation ausgeführt:

«Historisch gesehen ist die Gleichsetzung Kupaya mit Kupanta-Kuruntiya sehr verlockend. Denn Kupanta-Kuruntiya war ein Prinz und späterer König von Mirā. Seine Verbindung zum hethitischen Herrscherhaus ist äußerst eng. Er wurde vom kinderlosen König von Mirā, Mashuiluwa, und dessen Königin, Muwatti [Schwester Mursilis II.], die eine Tochter des hethitischen Großkönigs Suppiluliuma I. war, adoptiert. Diese Adoption ge-

Abb. 166 Suratkaya. Auf der Rückwand dieses Abri befinden sich die Inschriften.

Abb. 167 Suratkaya. Einige der Schriftzeichen sind gut, andere nur undeutlich erkennbar.

schah mit der Einwilligung des hethitischen Großkönigs Mursili II., dessen Neffe Kupanta-Kuruntiya bei dieser Gelegenheit wurde».

Der Titel des Prinzen gibt einen wichtigen Hinweis zur Datierung der Inschrift vom Suratkaya. Der Prinz tritt hier als Repräsentant des hethitischen Gliedstaates Mirā auf, wird jedoch als Großprinz und nicht als König bezeichnet. Das legt eine Datierung der Inschrift in die Zeit vor der Verleihung des Königstitels nahe, nämlich in den kurzen Zeitraum der Regierung Masḫuiluwas (1315–1307 v. Chr.)[152], nach dessen Absetzung Kubantaruntija König von Mirā wurde.

Nur Vermutungen können über den Grund angestellt werden, der zur Wahl des abgelegenen Ortes am Suratkaya für die Anbringung der Felsinschrift geführt haben mag. Weitab vom Weg über den Anadolupaß ist der hoch am Felshang liegende, vom Paß nicht zu sehende Abri nur zu Fuß auf langen, beschwerlichen Steigen zu erreichen. Vor dem Überhang liegt ein sehr kleiner, ebener Platz, so daß Versammlungen von Menschen z. B. zu Kulthandlungen, dort nicht anzunehmen sind. Während der Paß nur wenig Aussicht bietet, hat man jedoch vom Inschriftfelsen aus einen weiten Fernblick über das zum Land Mirā gehörende Hinterland des Latmosgebirges bis zum Tal des Mäander und zu den Aydın-Bergen am nordöstlichen Horizont sowie über die Landschaft am Çineçay, dem antiken Marsyas-Flußtal. Diese Gegebenheit des eindrucksvollen, zugleich Schutz bietenden Felsüberhanges in der Bergeinsamkeit dürfte für die Wahl des Ortes, z. B. als Beobachtungsposten, bestimmend gewesen sein. Derartige weithin sichtbare Plätze waren auch als Signalposten geeignet. Da im folgenden die großreichszeitlichen Denkmäler der südlichen Region behandelt werden sollen, mag es erlaubt sein, hierfür an ein freilich Jahrhunderte jüngeres Beispiel aus jenem Gebiet der Mittelmeerküste zu erinnern:

In einem Feldzugsbericht des neubabylonischen Königs Neriglissar werden Feuer- oder Rauchsignale erwähnt, die dieser König seinen lydischen Verbündeten vom Sertavul-Paß aus gab[153] – nach der Niederwerfung Kilikiens, das luwisch Adana, neuassyrisch Que und neubabylonisch Ḫume genannt wurde[154], und nachdem sein Heer den Göksu Nehri, flußaufwärts ins Landesinnere gezogen war.

Abb. 168 Suratkaya. Ein Beispiel für die Zeichen der Inschriften («Zeichengruppe 4»).

Abb. 169 Suratkaya. Die «Zeichengruppe 5». Wichtigster und am besten erhaltener Teil der Inschriften sind diese Zeichen, die einen «Großprinzen» nennen, dessen Name wahrscheinlich Kubantaruntija lautete. Historische Hinweise deuten auf eine Entstehung am Ende des 14. Jhs. v. Chr.

SÜDLICHE REGION AM MITTELMEER

SIRKELI 1 – GROSSKÖNIG MUWATTALLI II. AM CEYHAN-FLUSS

Die hethitischen Felsreliefs im «Ebenen Kilikien» (Kilikia Pedias), der Landschaft zwischen dem Taurusgebirge und der Küste des Mittelmeeres bis hin zum Golf von İskenderun, stellen eine Gruppe von Bildwerken dar, die besondere Eigentümlichkeiten auszuweisen: Nur in dieser Region, die damals zum Lande Kizzuwadna gehörte, war die ausnahmslose Anordnung der Namenszeichen vor dem Kopf der dargestellten Personen zu beobachten. Es sind dies die Reliefs von Sirkeli 1 und 2 sowie Hemite. Auch das zwar nördlich des Gebirges gelegene Relief von Hatip, das einen engen Bezug zu Sirkeli aufweist, und ebenso das Felsrelief von Keben im Tal des Göksu Nehri, die beide zum Land Tarḫuntassa gehören, können aus stilistischen Gründen der Gruppe dieser südkleinasiatischen Reliefs zugerechnet werden (s. Kap. S. 101 ff. u. 112).

Die meist schroffe Kette der bis 770 m hohen Misisberge teilt die kilikische Ebene der Çukurova in eine westliche und eine östliche Hälfte. Um die nördlichen Ausläufer des Gebirges windet sich der Ceyhan Nehri, der antike Pyramos, auf seinem mäandernden Lauf in die westliche Ebene. Dicht an seinem linken Ufer rückt der 300 x 300 m große, 30 m hohe Siedlungshügel des Sirkeli Höyük so nahe an den Nordfuß der Berge heran, daß nur ein enger Durchlaß zwischen den beiden Teilen der Ebene im Westen und im Osten verbleibt (Abb. 170). Durch diesen Engpaß zwängen sich die alte kilikische Heerstraße, auf der wohl auch die Armee Alexanders des Großen nach Syrien zog, und die Eisenbahntrasse der historischen Baghdadbahn, die 200 m weiter östlich einen kleinen eisenzeitlichen Siedlungshügel durchschneidet. Am rechten Ceyhan-Ufer ragt isoliert der Bergstock des Gürgeldağı auf, der in beherrschender Lage die Ruine der kleinarmenischen Burg Yılan Kalesi trägt (Abb. 171). An dieser strategisch wichtigen Stelle wurden zur Zeit des hethitischen

Abb. 170 Sirkeli. Blick von der Yılan Kalesi auf den Sirkeli Höyük. In der Biegung des Ceyhan-Flusses, des antiken Pyramos, liegen dicht am Ufer die Relieffelsen.

Abb. 171 Sirkeli. Die kleinarmenische Burg Yılan Kalesi im Morgennebel. Am Fuße des Hügels sind die Relieffelsen zu sehen.

Abb. 172 Sirkeli. Luftbild der Relieffelsen am Flußufer und der anschließenden Grabungsareale mit dem in die Felsen eingefügten monumentalen Gebäude.

Abb. 173 Sirkeli 1. Früher verhinderte der hohe Wasserstand des Ceyhan das Herantreten an das Relief.

Abb. 174 Sirkeli 1. Ansicht des Flußfelsens mit dem Relief vom jenseitigen Ufer der Insel.

Großreiches in einer hart am linken Ufer des Flusses gelegenen Kalkstein-Felspartie am Fuße des Sirkeli Höyük zwei Reliefs ausgearbeitet (Abb. 172).

Infolge der Einengung des Ceyhan-Flußbettes zwischen dem Sirkeli Höyük und dem gegenüberliegenden Gürgeldağı ist die Strömung so stark, daß die von einzelnen Autoren geäußerte Vermutung, hier hätte eine antike Furt bestanden, kaum zutreffen kann.[155] Eine solche hätte wohl seichtes Wasser erfordert. Ebensowenig kann eine dazu widersprüchliche, hypothetische Annahme, daß der Fluß in hethitischer Zeit nordwärts um den Gürgeldağı und nicht zwischen diesem und dem Sirkeli Höyük geflossen wäre, überzeugen.[156] Denn ostwärts des Sirkeli Höyük und der Yılan Kalesi zeichnen sich in den Äckern noch heute die von dem Mineralogen L. Masch während der Grabungskampagne 1993 beobachteten, weiten Bögen sehr alter Uferterrassen des Ceyhan Nehri ab, die alle in den Engpaß am Sirkeli Höyük münden.[157] Früher ließ der unmittelbar an den Felsen entlang strömende, hier tiefe Fluß ein frontales Betrachten der Reliefs nicht zu (Abb. 173). Erst nachdem im Oberlauf des Flusses am Karatepe der Arslantaş-Stausee gebaut worden und der Wasserspiegel im Unterlauf dadurch erheblich abgesenkt worden war, konnte während der Grabung 1994 ein schmaler Uferpfad angelegt werden. Seitdem ist ein Herantreten und ein genaues Studium der Reliefs möglich (Abb. 174. 179).

Türkische Forscher meldeten 1934 die Entdeckung des ersten der beiden Sirkeli-Reliefs, das von uns nun «Sirkeli 1» genannt wird. Es ist das bisher älteste, anhand einer Inschrift sicher datierbare hethitische Felsrelief. In der nach Osten gerichteten Felsfläche zeigt es die etwa lebensgroße Gestalt des hethitischen Großkönigs Muwattalli II. (ca. 1290–1272 v. Chr.), Gegner des ägyptischen Pharaos Ramses II. in der Schlacht von Qadeš (1275 v. Chr.), die das Ende der ägyptischen Expansion nach Syrien herbeiführte (Abb. 175. 176). Der nach links gewandte König ist mit langem Gewand und Rundkappe im Ornat des Sonnengottes gekleidet. Deutlich sind noch die Details der Kleidung auszumachen: Die Schnabelschuhe, die Gewandsäume und der Saum des von der Schulter bis fast zum unteren Rand des Gewandes herabhängenden, um den linken Unterarm geschlungenen Tuches entsprechen in allen Einzelheiten den großköniglichen Reliefs des Felsheiligtums von Yazılıkaya. Ebenso trifft das für den Zierrand der Kalottenkappe, den großen Ohrschmuck und die nur noch als Umriß zu erkennende, nackenlange Haartracht zu. Sehr gut zeichnet sich die Partie der oberen Gesichtshälfte mit dem großen Auge und der stark ausgeprägten Augenbraue ab. Zwar ist die untere Gesichtshälfte durch Verwitterung undeutlich, doch war der König unverkennbar bartlos dargestellt. Frühere, gegenteilige Beobachtungen durch J. Garstang und I. Gelb müssen auf irritierender Schattenwirkung beruhen.[158] In jüngster Zeit ist diese Partie durch eine grobe Aussplitterung völlig unkenntlich geworden (Abb. 177), so daß die hier vorgelegten Abbildungen dokumentarischen Wert aufweisen.

Die Gestalt trägt in der Hand des angewinkelten, aus dem Gewandtuch herausgreifenden linken Armes das unten eingerollte Kalmus, das Zeichen der Königswürde. Die Hand des eng an den

Abb. 175 Sirkeli 1. Relief des Großkönigs Muwattalli II.

Oberkörper gezogenen rechten Armes ist bis unter das Gesicht erhoben. Dieser Gestus entspricht dem Zeichen EGO «ich» der luwischen Hieroglyphenschrift (vgl. die Erläuterung zu den Reliefs der weiblichen Gottheiten in Yazılıkaya). Ungewöhnlich ist bei dem Relief des Muwattalli die Tatsache, daß der Saum des Tuches dort, wo er das Kalmus überkreuzt, eindeutig über dessen Schaft liegt und diesen damit überdeckt, während üblicherweise das Kalmus außen über dem Tuch liegend abgebildet wird. Das hat offenbar auch Kohlmeyer zutreffend beobachtet und mit leicht angedeuteter Unsicherheit in seiner Umzeichnung (Fig. 41c) dargestellt, während Börker-Klähn in gewohnter Schärfe darin bei ihrer späteren Rezension einen unzutreffenden Fehler in der Umzeichnung des Verfassers sowie «anachronistische Realismen und unübliche Antiquaria» zu erkennen meinte.[159]

Auf die in dieser Region übliche Art ist die Beischrift, die den Dargestellten identifiziert, hinter der von ihr bezeichneten Gestalt angeordnet (Abb. 178). Die rechtsläufig geschriebenen Zeichengruppe lautet:

Mu-tà-li MAGNUS REX HEROS URBS+MINUS+*li* MAGNUS REX HEROS FILIUS

«Muwattalli, Großkönig, Held, Sohn Mursilis (II.), des Großkönigs, des Helden».

Nachdem H. G. Güterbock von dem englischen Archäologen J. Garstang, der 1934 eine Sondierung auf dem Sirkeli Höyük unternommen hatte, eine kleine Photographie der ersten Zeichen der Inschrift erhielt, studierte und kopierte er bald nach der Entdeckung des Felsreliefs 1937 die Inschrift vor Ort und berichtete darüber: «Zufällig hatten wir im Sommer desselben Jahres in Boğazköy Abdrücke von Siegeln des Muwatalli gefunden, auf denen sein Name in Hieroglyphen syllabisch geschrieben war. [. . .] Ich benutzte die Semesterferien im Februar 1937 zu dieser Reise. Der Wasserstand des Flusses war hoch. Eine Leiter wurde im Wasser aufgestellt, und ein Mann trug mich trockenen Fußes zu ihr hin. Meine Vermutung bestätigte sich, und ich konnte die ganze Inschrift, soweit zugänglich, kopieren.»[160]

Die Einschränkung «soweit zugänglich» erwies sich als wesentlich. Von seinem Standort auf der schwankenden, im Wasser stehenden Leiter aus konnte Güterbock das letzte Zeichen «Sohn», das sich ganz rechts hinter einer leichten Biegung der Felswand befindet, nicht wahrnehmen. So blieb zunächst ungewiß, ob die Inschrift den Namen des Königs und den seines Vaters Mursili (II.) nannte, oder ob sie eine Widmung des Sohnes und Nachfolgers Muwattallis, der ebenfalls den Königsnamen Mursili (III.) führte, an seinen Vater Muwattalli darstellte.[161] Diese Ungewißheit löste so lange Fehldeutungen aus, bis Güterbock nach einer ihm zugegangenen Mitteilung von H. Th. Bossert 1947 und 1978 das Zeichen «Sohn» am Ende der Inschrift erkannte. Während der Grabungskampagne 1996 konnte dann durch Abklatsche und Streiflichtaufnahmen die gesamte Inschrift sicher dokumentiert werden. Besonders zu beachten ist die Anordnung der Beischrift hinter dem Rücken der Gestalt. Hierbei handelt es sich um eine regelmäßig und ausschließlich bei den Inschriften der Felsreliefs in der südlichen Region zu beobachtende, dort übliche Plazierung, die sonst bei den Felsreliefs der Großreichszeit nicht auftritt, denn bei diesen befinden sich die Beischriften regelmäßig vor dem Kopf der Gestalten. So weist

Abb. 176 Sirkeli 1. Umzeichnung des Reliefs (vgl. Abb. 175).

dann auch das etwa 60 km weiter östlich, ebenfalls am Ufer des Ceyhan Nehri gelegene Relief von Hemite/Hamide (s. Kap. S. 107 ff.) diese südliche Eigentümlichkeit auf und ebenso das erst 1996 entdeckte Felsrelief von Hatip in Lykaonien (s. Kap. S. 101 ff.). Wenn man somit diese von der im Kerngebiet des Reiches geltenden Regel abweichende Eigenart als Gesetzmäßigkeit der südlichen Region erkennt, dann muß die hierzu gelegentlich geäußerte Meinung, daß Zufälligkeiten des Felsgrundes die Verlegung der Beischriften hinter den Rücken der Figuren verursacht hätten[162], als unzutreffend gelten. Auch die Annahme, daß der Platz vor dem Kopf der Gestalten für die durch Angabe der Genealogie langen einzeiligen Beischriften nicht ausreichte und deshalb die Schriftzeichen dahinter ausgeführt wurden, paßt nicht zu der Tatsache, daß in den Beischriften mehrerer Felsreliefs, aber auch in anderen Inschriften, beispielsweise bei den Reliefs von Akpınar, Hemite und Hanyeri (s. dort), auch bei ausreichendem Raum, die Zeichen zeilenweise senkrecht untereinander stehen.

Der Sirkeli Höyük ist der größte Siedlungshügel in Ostkilikien[163], jedoch im Vergleich mit meist eisenzeitlichen. An seinem Fuß weisen das Felsrelief des Großkönigs Muwattalli II. und die Grundmauern eines erst 1995 dicht dahinter ausgegrabenen, in hethitischer Weise eng in die Felsen integrierten, monumentalen Steingebäudes mit 2 m dicken Wänden eindringlich auf die Bedeutung dieses Platzes hin (Abb. 172).[164] Auf dem Hügel haben eine erste Sondierung des englischen Archäologen J. Garstang im Jahre 1934 und die archäologischen Grabungen der Jahre 1992–1997 Schichten von chalkolitischer bis in hellenistische Zeit ergeben. Zudem wurde 1994 nur 13 m flußabwärts des Muwattalli-Reliefs in der gleichen Felspartie am Ufer des Ceyhan Nehri ein weiteres, allerdings nur in Umrissen erhaltenes, ähnliches Relief entdeckt, das einen nach rechts, nach Norden gewandten König darstellt, das Felsrelief «Sirkeli 2» (s. Kap. S. 100 ff.). Der hethitische Name des Sirkeli-Hügels, dieses vermutlich bedeutenden Ortes, ist von der philologischen und archäologischen Forschung, auf deren Fortsetzung bzw. Wiederaufnahme zu hoffen ist, noch nicht identifiziert.

Abb. 177 Sirkeli 1. Ausbrüche der Kopfpartie und Spuren von Prellungen am Rumpf.

Abb. 178 Sirkeli 1. Die Beischrift: «Muwattalli, Großkönig, Held, Sohn Mursilis (II.), des Großkönigs, des Helden». In der verwitterten Felsfläche sind einige Zeichen nur noch schwach zu erkennen.

Abb. 179 Sirkeli 2. Hier ist die Situation im Jahre 1994 zu sehen: das 13 m flußabwärts von «Sirkeli 1» entdeckte Relief.

Abb. 180 Sirkeli 2. Deutlich sind in dem eradierten Relief noch Merkmale einer nach rechts gewandten, im gleichen Ornat wie Muwattalli gekleideten Gestalt zu erkennen. Die auffallend tiefen Ausmeißelungen hinter dem Kopf der Gestalt könnten auf gelöschte Namenszeichen hinweisen.

SIRKELI 2 – EINE UNKENNTLICH GEMACHTE KÖNIGSGESTALT

Während der archäologischen Grabung am Sirkeli Höyük wurde vom Verfasser im Jahre 1994 nur 13 m flußabwärts des Reliefs des hethitischen Großkönigs Muwattalli in der gleichen, nach Osten gerichteten Wand der Felsrippe am linken Ufer des Ceyhan Nehri ein weiteres Felsrelief entdeckt und vom Bewuchs befreit.[165] Auch auf diesem ist eine einzelne, hier jedoch nach Norden, nach rechts, gewandte Gestalt dargestellt. Zwar ist das Bildwerk – wahrscheinlich bereits in der Antike – durch sorgfältiges Ausmeißeln unkenntlich gemacht worden, doch sind zahlreiche Einzelheiten noch gut wahrnehmbar (Abb. 179).

Der Umriß der Gestalt, deren Größe der des benachbarten Muwattalli entspricht, blieb nahezu vollständig erhalten (Abb. 180). Ebenfalls sind von der Innenzeichnung noch wichtige Details vorhanden, so der rechte, vor dem Körper angewinkelte Arm mit der Faust, die den Schaft des Kalmus hält. Von dessen eingerollten, unterem Ende sind nur noch schwache Ansätze in der linken unteren Ecke des Gewandes sichtbar. In Papierabklatschen und Streiflichtaufnahmen, die während der Sirkeli-Grabung im Jahre 1996 hergestellt wurden, treten sogar die einzelnen Finger und der Daumen dieser Faust hervor und desgleichen die Schnabelschuhe (Abb. 181. 182). Diese Aufnahmen bewiesen damals endgültig unsere Überzeugung, daß die Gestalt nach rechts und nicht, wie P. Neve meinte, nach links gewandt ist.[166] Die darüber entstandene Kontroverse konnte so beendet werden.[167] Auch Spuren der Säume des zum Ornat des Sonnengottes gehörenden, über der Schulter getragenen und um den rechten Unterarm geschlungenen Tuches des Gewandes vermag man noch zu erkennen. Sicher zeichnet sich im linken Teil die Kontur der Rückenlinie, der Schultern und des Kopfes ab, teilweise als vertiefte Rille oder als stehen gebliebener, scharfer Grat. Weniger gut ist der rechte, stärker abgewitterte Umriß erhalten, jedoch heben sich die vor das Gesicht erhobene linke Hand und der an den Oberkörper herangezogene Unterarm noch plastisch von dem Reliefgrund ab. Daß es sich – wie B. Hrouda[168] vermutet hat – bei einer unterhalb des rechten Ellbogens vorhandenen, anscheinenden «Spitze» um ein in Yazılıkaya belegtes, ikonographisches Detail handelt, kann jedoch bezweifelt werden. Denn wenn man das darunter ausgebrochene, etwa 15 x 12 cm große Felsstückchen ergänzt, entsteht dort eine gleichmäßig verlaufende Rückenlinie.

Hinter dem Kopf und etwas höher als dieser weist der Felsgrund tief ausgehauene Schlagspuren auf. Sollte sich hier die Beischrift, die den Dargestellten identifiziert hatte, befunden haben? Die Anordnung von Bildzeichen an dieser Stelle würde jedenfalls der auch bei den übrigen Reliefs der südlichen Region zu beobachtenden Eigentümlichkeit entsprechen. Die behutsame, die Gestalt als Ganzes nicht vernichtende, sondern deren Konturen eher sorgsam erhaltende Art, in der die Ausmeißelung vorgenommen wurde, erweckt intensiv den Eindruck, daß es dabei vor allem auf die Eradierung derjenigen Merkmale ankam, die eine Identifizierung der Person ermöglicht hatten, nicht aber um die völlige Vernichtung des (sakrosankten?) Bildes des dargestellten Königs. Trifft die Annahme zu, daß in dieser Fläche hinter dem Kopf Namenszeichen gestanden hatten – so auch Neve – dann würde deren besonders gründliche Auslöschung gut zu diesem Vorgang passen.

Alle Einzelheiten dieses Reliefs Sirkeli 2 gleichen sehr genau denen des benachbarten Reliefs des hethitischen Großkönigs Muwattalli, so daß es sich auch hier zweifelsfrei um eine Königsdarstellung gehandelt haben wird. Wegen der fehlenden Beischrift kann die Frage, welche Person hier dargestellt war, anhand des Reliefs nicht mehr beantwortet werden. Allerdings besteht eine enge Beziehung zwischen dem Muwattalli-Relief Sirkeli 1 und dem nördlich des Taurusgebirges in Lykaonien im Jahre 1996 entdeckten Felsrelief des Muwattalli-Sohnes Kurunta, des Königs von Tarḫuntassa, der dort abgebildet ist und den Titel «Großkönig» führt. Ein damit möglicher, hypothetischer Rückschluß auf das Relief Sirkeli 2 soll erst unten nach erfolgter Beschreibung des Hatip-Reliefs vorgetragen werden.

HATİP – GROSSKÖNIG KURUNTA, MUWATTALLIS SOHN

Am Westrande des Dorfes Hatip, südwestlich der Stadt Konya, kündigt in der weiten lykaonischen Ebene eine erste Felsstufe das weiter westlich bis in Höhen über 2000 m ansteigende Gebirge an. Ein langgestreckter, von Nordnordost nach Südsüdwest führender Steilhang weist etwa in der Mitte seiner Länge eine senkrechte Felsfläche von 15–20 m Höhe auf, an deren Fuß mehrere klare Bäche entspringen (Abb. 183). Leitungen und Aquädukte führen noch heute deren Wasser in das Dorf und zu den Äckern in der sich ostwärts ersteckenden Ebene. Beiderseits ziehen die äußeren Partien des Felshanges ein wenig in den ebenen Platz am Fuße des Felsens vor und umfassen so eine weite Bucht, in deren Zentrum 5–7 m über dem Vorgelände die Wand in einer geglätteten Fläche das Relief trägt (Abb. 184). Wenn-

Abb. 181 Sirkeli 2. Abklatsch der rechten Hand, die den Schaft des Kalmus hält.

Abb. 182 Sirkeli 2. Abklatsch der nach rechts gerichteten Schnabelschuhe der Füße.

Abb. 183 Hatip. In dieser Felswand befindet sich das erst 1996 entdeckte Relief.

gleich dieser nordwärts des Taurusgebirges liegende Ort geographisch nicht mehr zu der hier behandelten, südlichen Region gehört, so rechtfertigt der Bildinhalt dieses erst 1996 von türkischen Forschern entdeckten Felsreliefs von Hatip doch die Zuordnung zu den Reliefs jener südkleinasiatischen Gruppe.

Das Rellief ist nur sehr schwer zu erkennen. Zu ungünstiger Tageszeit haben selbst geübte Beobachter bisweilen nichts wahrgenommen. Die Felsfläche, in der das Bild ausgearbeitet ist, weist einige Ausbrüche und Risse auf und ist nicht planeben. Sie bildet vielmehr durch ihre links schräg vorspringende Partie eine im Grundriß konkave Mulde, deren Teilflächen somit unterschiedlich zum Lichteinfall gerichtet sind (Abb. 185). Dadurch wird die Erkennbarkeit der Einzelheiten beeinträchtigt, und deswegen sind auch die nur bei plastischer Beleuchtung durch Streiflicht günstigen Beobachtungszeiten der verschiedenen Teile des Reliefs unterschiedlich. Während die rechte Partie nach Ostsüdost (120°) gerichtet ist, dreht sich die linke in die Richtung nach Ostnordost (80–90°).

Im rechten Bildteil schreitet eine etwa lebensgroße männliche Gestalt nach rechts; in wechselseitiger Darstellung sind ihr Unterkörper und der Kopf im Profil, hingegen der Oberkörper frontal abgebildet (Abb. 186). Der Mann trägt das übliche hethitische Kriegergewand mit dem kurzen Schurzrock, dazu einen hohen Spitzhut, an dessen Vorderkante man sehr undeutlich mindestens ein Horn ausmachen kann. Während die Profillinie des Gesichtes schadhaft ist, tritt das Ohr mit großem Ohrschmuck deutlich hervor. Dahinter sind unter dem Wulst des Hutrandes die Nackenhaare sichtbar. Gut zeichnet sich die über die Schulterpolster geführte Doppellinie des Schalkragens ab. Der linke, vom Betrachter abgewandte Arm ist weit vorgestreckt, die Hand hält die Lanze. Der dem Betrachter zugewandte, in diesem Falle der rechte Arm hält den auf der rechten Schulter getragenen großen Bogen. Darunter trägt der Krieger auf der gleichen, der rechten Seite (!) das Schwert. Ganz schwach zeichnet sich analog zum Kragen ein Teil der geschwungenen Doppellinie am Saum des Schurzrockes ab. Die Füße der kraftvoll ausgeformten Beine sind mit den üblichen hethitischen Schnabelschuhen bekleidet.[169]

Etwa in Schulterhöhe des Kriegers beginnt hinter ihm die linksläufig angeordnete Beischrift (Abb. 186. 187):

CERVUS-*ti* MAGNUS REX [HEROS] *Mu-tà-li* MAGNUS REX HEROS FILIUS
«Kurunti, Großkönig, [Held], des Muwattalli, des Großkönigs, des Helden Sohn.»

Der luwische Name Kurunti – Kurunta ist die hethitische Namensform – ist hier wie auf Siegelabdrücken aus Boğazköy/Ḫattusa (Abb. 189) durch den Hirschen, das Logogramm CERVUS, und den über dessen Rücken gesetzten Fuß, das komplementierende Silbenzeichen *ti* dargestellt (Abb. 186. 187). Ihm folgen die

Abb. 184 Hatip. Das Relief in der Felswand.

Abb. 185 Hatip. Das Relief des Königs Kurunta von Tarḫuntassa. Die hinter der Gestalt angeordnete Beischrift bezeichnet ihn als Großkönig und Sohn des im Felsrelief Sirkeli 1 abgebildeten Großkönigs Muwattalli (II.).

Abb. 186 Hatip. Umzeichnung des Reliefs (vgl. Abb. 185).

Abb. 187 Hatip. Die Beischrift des Kurunta-Reliefs: «Kurunti, Großkönig, Held, Sohn Muwattallis (II.), des Großkönigs, des Helden».

Zeichen MAGNUS REX, des Titels «Großkönig». Auffällig ist die Eigenart der Beschädigung im Bereich dieser Zeichen, die sich von den natürlichen, durch Erosion oder Ausbruch verursachten Schäden in der übrigen Beischrift deutlich unterscheidet. Die Volute, das Zeichen des Logogramms MAGNUS, scheint wie durch frontales Prellen so gründlich ausgelöscht worden zu sein, daß von dieser nur noch wenig zu erkennen ist, während das Zeichen darunter, REX, sogar mit seiner Innenzeichnung noch gut erhalten ist. Diese differenzierte Eradierung von Kuruntas Titel «Großkönig» scheint hier ebenso gezielt erfolgt zu sein, wie vermutlich die Ausmeißelung der Beischrift im Felsrelief Sirkeli 2. Links neben dem Zeichen für «Großkönig» beginnt ein tiefer Ausbruch, der bis an einen von links oben nach rechts unten ziehenden Riß reicht und in dessen Fläche Zeichen ergänzt werden müssen. In Betracht kommt dafür nur das oben erwähnte HEROS, das auch im linken Teil der Inschrift noch einmal auftritt.

Eine von Börker-Klähn vorgelegte, auf A. M. Dinçols Zeichnung[170] fußende, jedoch selbst gegenüber dieser, ihrer Vorlage, maßstäblich völlig überdimensionierte Umzeichnung des ersten Großkönigszeichens kann nur auf dem Verkennen einer am oberen Rand der Relieffläche bestehenden Felsverwitterung beruhen.[171] Wie in Abb. 187 zu erkennen ist, zeichnet sich tatsächlich sogar noch der Rest der beiden «Augen» der Volute ab, wodurch belegt wird, daß die Höhe des Zeichens genau der Umzeichnung des Verfassers entspricht (Abb. 186). Wo sich in der stark zerstörten Fläche zwischen dieser Volute und dem Rinderkopf, dem Silbenzeichen *mu*, die zu ergänzenden Zeichen des Logogramms HEROS, befunden haben mögen, kann nur vermutet werden. Auszuschließen ist jedenfalls nicht, daß Börker-Klähns Annahme, diese Zeichen würden höher in dieser Fläche gelegen haben, zutreffen kann.[172] In einer etwas größeren Höhenlage würden sie auch dann noch gut in die hier vorgelegte Komposition der Beischrift passen. Die Abbildungen dieses Beitrages belegen eindeutig, daß bei der Umzeichnung des Verfassers der von der Rezensentin unzutreffend behauptete, angebliche «Kunstgriff der Entzerrung»[173] nicht angewandt worden ist; die klaren, fast unverzerrten Photographien machten das nicht erforderlich.

Ebenfalls in die Ausbruchstelle fällt noch ein Teil des nächsten Zeichens, dessen größerer Teil links vom Riß gut erhalten ist. Es ist dies die Ligatur aus den Zeichen BOS bzw. *u* und den vier Rillen des Zeichens *mi*. Ob der rechts des Risses im Ausbruch fehlende Teil des Zeichens *mu* zur halbfrontalen oder zur Profildarstellung des Stierschädels zu ergänzen ist, muß ungewiß bleiben. Ein Vergleich mit anderen Namenszeichen des Muwattalli, auch auf Siegelabdrücken[174], weist eher auf die erstere Möglichkeit hin (Abb. 187. 188). Der Name Muwattalli ist in einer gleichartigen Beischrift, die nach seinem Namen den seines Vaters Mursili (II.), des Großvaters Kuruntas, aufführt, auch auf dem Felsrelief am Fuße des Sirkeli Höyük in Kilikien dargestellt (vgl. Abb. 176. 178). Das nächste Zeichen ist die Silbe *tà*, der Sirkeli-Beischrift entsprechend, während der darunter stehende Wulst wohl der Rest des nicht mehr vollständig erhaltenen Silbenzeichens *li* ist. Es folgen dann wie hinter Kuruntas Namen auch beim Namen des Vaters Muwattalli die Titel «Großkönig» und «Held». Das letzte Zeichen ganz links außen ist als FILIUS zu lesen, obgleich die für dieses Zeichen typischen «Crampons», zwei nach unten gerichtete Finger (?), nicht sicher auszumachen sind.

Wie bei den Reliefs von Sirkeli und Hemite steht auch in Hatip die Beischrift hinter der Gestalt, obwohl sie ohne weiteres auch davor hätte angebracht werden können und die genutzten Felsflächen besonders unregelmäßig sind. Gerade hier wird also deutlich, daß die Plazierung der Beischrift nicht zufällig oder durch Unregelmäßigkeiten des Felsgrundes bestimmt ist, wie Kohlmeyer angenommen hat, sondern daß es sich, wie schon oben bei Sirkeli 1 betont, vielmehr um eine regionale Besonderheit handelt.

Die Gestalt des Kurunta weist sämtliche Einzelheiten der in der hethitischen Großreichszeit regelmäßig auftretenden Kriegerdarstellung auf. Der mit Hörnern besetzte Spitzhut ist zwar zumeist das Attribut eines Gottes, es gibt jedoch andere Beispiele, wo namentlich bezeichnete, im Kriegergewand abgebildete Könige diesen Hörnerhut tragen, der gemeinhin den Göttern vorbehalten ist, so in den Felsreliefs von Karabel A und Fıraktın. Weil die Umschreibung «er ist Gott geworden» in hethitischen Texten für den Tod eines Königs verwendet wird, wurde zeitweilig angenommen, daß es sich bei dieser, in einigen hethitischen Reliefs auftretenden Eigentümlichkeit der königlichen Kopfbedeckung stets um die Kennzeichnung verstorbener, «Gott gewordener» Könige handelt.[175] Das vermag jedoch mindestens bei den als Grenzmarken anzusehenden Reliefs, z. B. Karabel A und auch hier in Hatip, nicht zu überzeugen. Die Hieroglyphenbeischrift belegt, daß es sich bei diesem Felsrelief um Kurunta, den König der hethitischen Sekundogenitur Tarḫuntassa handelt, der hier den Titel des Großkönigs führt. Das Zeichen für Großkönig und in diesem besonders die Volute, das Zeichen MAGNUS, sind jedoch offenbar absichtlich beschädigt und unkenntlich gemacht worden. Auf die damit zusammenhängenden, im Großreich entstandenen dynastischen Konflikte soll in einem notwendigerweise knappen Hinweis kurz eingegangen werden.

Abb. 188 Hatip. Auch auf einem Siegelabdruck aus Ḫattusa wird Großkönig Kurunta genannt.

Ein anderer Deutungsversuch, der des türkischen Hethitologen A. M. Dinçol[176] besagt, daß die Kriegergestalten mit Spitzhüten gar nicht die Könige abbilden, die in den Beischriften genannt sind, sondern daß es sich dabei um die Darstellung von Göttern mit apotropäischer Bedeutung handeln würde. Abgesehen von der damit entstehenden Diskrepanz zwischen Abbildung und Beischrift, die dann ja auch bei zahlreichen Siegelabdrücken vorliegen würde, scheidet die Funktion des Unheilabwehrens wohl auch deshalb aus, weil sich apotropäische Symbole regelmäßig dem Unheil abwehrend entgegen wenden und bewahrend vor dem zu schützenden Objekt stehen, nicht umgekehrt.

Das Relief von Hatip weist als weitere Besonderheit auf, daß sich der König nach rechts wendet, während sich die meisten Menschengestalten in den hethitischen Felsreliefs – immer vom Betrachter aus gesehen – nach links wenden. Bei diesen letzteren halten die Krieger wirklichkeitsgetreu auf der dem Betrachter zugewandten Seite mit ihrem angewinkelten, linken Arm den auf der linken Schulter getragenen Bogen. Vor dem Körper hängt das links getragene Schwert, und auf der abgewandten Seite hält die Hand des ausgestreckten rechten Armes, des Schwertarmes, die Lanze. Nicht nur bei Kriegern, sondern auch bei Abbildungen des Königs im Ornat des Sonnengottes wurde – zwar nicht ausschließlich, aber doch zumeist – diese Ausrichtung nach links gewählt, wenn nicht die Komposition einer Gesamtanlage eine andere Anordnung erforderte. Auffällige Abweichungen von dieser Regel sind jedoch bei Felsreliefs zu beobachten, auf denen die abgebildeten Gestalten nach rechts, in Richtung auf ihr eigenes Reich oder Gebiet gerichtet sind. Das gilt besonders für Reliefs, die als Grenzmarken anzusehen sind, z. B. Karabel A. Bei den nach rechts gewandten Figuren scheint die Blickrichtung des im Kriegergewand abgebildeten Königs, Prinzen oder Lokalherrschers so wichtig gewesen zu sein, daß dafür in der Bildkomposition die wirklichkeitsgetreue Wiedergabe aufgegeben wurde. Denn nun hält der Krieger in der Hand des vorderen, rechten Armes – seines Schwertarmes (!) – auch den Bogen, auf der gleichen Seite hängt das Schwert, und in der Hand des hinteren, seines ausgestreckten linken Armes hält er die Lanze. Wenngleich hethitische Bildwerke vorrangig keine Abbilder waren, so muß doch für diese unzutreffende, widersprüchliche Bildgestaltung ein schwerwiegender und übergeordneter Grund vorgelegen haben, der eben in der erforderlich gewesenen Blickrichtung der Gestalten angenommen werden darf. Die stereotypen Figuren und ihre in vielen Reliefs gleiche oder ähnliche Größe legen außerdem den Gedanken an die Verwendung von Schablonen für die Vorzeichnung, z. B. aus Textilien nahe, die zudem wechselseitig mit dem Ergebnis spiegelbildlicher Abbildung benutzt werden konnten und sich flexibel auch einem unebenen Untergrund anpaßten.

In die Reihe der nach rechts blickenden Personendarstellungen gehören außer dem oben genannten Relief Karabel A auch die Felsreliefs von Sirkeli 2 und Keben. Sogar bei den 400 Jahre jüngeren neuassyrischen Felsreliefs an den Reichsgrenzen oder an den Endpunkten von Eroberungszügen läßt sich diese offenbar wichtige Hinwendung der Gestalten mit Blickrichtung zum eigenen Land beobachten, z. B. bei dem im Jahre 2003 zerstört angetroffenen Bild Salmanassars III. (858 – 824 v. Chr.) an der Kenk Boğazı über dem Durchbruch des Euphrat durch das Taurusgebirge, bei den Reliefs am Tigristunnel bei Lice sowie bei den Reliefs von Ferhatlı am Uzunoğlan Tepe in Kilikien und in Karabur im Hatay.

Das in hethitischen Texten genannte Land Hulaja wird in seiner ungefähren Lage südöstlichlich des Beyşehir-Sees in der von dem weiten Bogen des in der Neuzeit zum Beyşehir-Kanal regulierten Çarşamba Suyu angenommen. Dieses Land gehörte zur Sekundogenitur Tarḫuntassa des Königs Kurunta. Im Grenzgebiet zwischen seinem Land und dem hethitischen Kernland zeigt das Felsrelief von Hatip den König Kurunta als hethitischen Großkönig, der sich nach rechts, nach Norden, der Hauptstadt des Reiches zuwendet. In Ḫattusa wurden Siegelabdrücke gefunden, die ebenfalls den als Großkönig bezeichneten Namen des Kurunta tragen (Abb. 188). Auch das Felsrelief von Hatip stützt die Annahme, daß Kurunta, der König von Tarḫuntassa – vielleicht nur für kurze Zeit – Großkönig des Reiches gewesen ist.[177] Für eine Identifikation der unkenntlich gemachten Königsgestalt im Felsrelief Sirkeli 2 (Abb. 179–182) gibt es zwar keinen Beleg, hypothetisch kommt dafür jedoch Kurunta, der Sohn Muwattallis, wegen der engen Beziehungen zwischen den Reliefs von Sirkeli und Hatip mit hoher Wahrscheinlichkeit in Betracht. Daß er als legitimer Thronprätendent sein Relief am Sirkeli Höyük neben dem seines Vaters, des Großkönigs, ausführen ließ, würde gut zu seiner eigenen, hier im Relief von Hatip vorliegenden Deklaration als Großkönig passen und auch ein Motiv für die spätere Eradierung der Identifizierungsmerkmale des Reliefs Sirkeli 2 (und auch der Großkönigsvolute in Hatip) ergeben.

Nach dem Tode des Großkönigs Muwattalli II. (ca. 1290–1272 v. Chr.) wurde zunächst sein Sohn Urḫitessuba als Mursili III. sein Nachfolger. Dieser wurde jedoch etwa um 1267 v. Chr. von Muwattallis Bruder Ḫattusili (ca. 1267–1240 v. Chr.), der damit die Macht ergriff, abgesetzt. Kurunta, Urḫitessubas jüngerer Bruder, ist sodann von Ḫattusili als König der Sekundogenitur Tarḫuntassa eingesetzt worden. Zwischen Ḫattusilis II. Nachfolger, seinem Sohn Tudḫaliya III. (ca. 1240–1215 v. Chr.) und dem König von Tarḫuntassa, Kurunta (= Ulmitessuba), wurde ein ausführlicher Staatsvertrag geschlossen, der auf der in Ḫattusa gefundenen Bronzetafel in vier keilschriftlichen Kolumnen von je ca. 100 Zeilen belegt ist.[178] Später, wohl erst in der 2. Hälfte der Regierungszeit Tudḫaliyas III., erhob Kurunta als legitimer Nachfahre des Großkönigs Muwattalli II. den Anspruch auf den Thron und erklärte sich zum Großkönig. Eingehend beschreibt Th. van den Hout 1995 die aus zahlreichen Quellen hervorgehenden dynastischen Spannungen, die während dieser Jahrzehnte im hethitischen Reich vorlagen.[179]

Auf dem Plateau oberhalb des Felsrandes liegen einige unbehauene Steine eher unregelmäßig auf der Geländeoberfläche[180], doch können diese kaum als Hinweise auf eine bronzezeitliche Bebauung gelten. Auch unten vor dem Fuß der Wand wurden keine derartigen Spuren beobachtet. Es kann jedoch nicht ausgeschlossen werden, daß die ebene Fläche vor der Felswand früher tiefer gelegen hat und später durch Sedimente aufgefüllt worden ist. Ob hier zu Füßen des Reliefs vielleicht ein Wasserbecken bestanden hat, hätte nur durch Ausgrabungen untersucht werden können. Diese archäologischen Forschungen sind jedoch nicht mehr möglich, denn bald nach der Entdeckung des Felsreliefs sind auf diesem Gelände am Fuße der relieftragenden Felswand ein dreigeschossiges Festhaus und die massiven Anlagen eines Freizeitzentrums so dicht vor der Wand errichtet worden, daß sogar eine nahezu frontale Betrachtung wie in den hier vorgelegten Abbildungen unmöglich geworden ist (Abb. 189). Aus dem Obergeschoß des Festhauses könnte man an sich eine fast unverzerrte Ansicht des Reliefs haben, doch laufen mitten durch das Bild Elektrokabel des Freizeitparks.

HEMITE – RELIEF EINES PRINZEN AM FLUSS

Ganz am Ostrand Kilikiens, des alten Landes Kizzuwadna, mußten im Altertum wie noch heute die Verkehrswege den weit nach Norden vorstoßenden Golf von İskenderun umgehen. Hier waren die Wege, die vom hethitischen Kernland über die Antitauruspässe nach Syrien führten, mit denen verknüpft, die Kili-

Abb. 189 Hatip. Dicht vor der Wand und dem Relief wurden kürzlich ein «Millipark» und ein dreigeschossiges Festhaus errichtet.

kien über das Amanusgebirge (heute «Nur Dağları», Lichtberge) mit Ostanatolien verbanden. Auch eine Anzahl von Siedlungsplätzen aus neolithischer Zeit sowie bronze- und eisenzeitliche[181], aber auch mittelalterliche Ruinen belegen die prähistorische und historische Bedeutung dieser Landschaft.

Nördlich der Stadt Osmaniye tritt der Ceyhan Nehri, der antike Pyramos, aus den letzten Ausläufern des Gebirges heraus in die Çukurova, die er fortan auf seinem weiten Weg nach Westen zum Meer mäandernd durchströmt (Abb. 190). Der Platz wird von der aussichtsreich auf steilem Felsen thronenden mittelalterlichen Burgruine Amuda überragt (Abb. 191). Am rechten Ufer des Flusses, dicht über der Höhenlage des Wasserspiegels und unmittelbar am Rande des alten, heute durch Geröll aufgefüllten Flußbettes ist hier am Fuße einer schroffen Kalksteinrippe das nach Südsüdost (115°) gerichtete Relief ausgearbeitet worden (Abb. 192). Da der Fluß früher direkt an der Felswand, die das im Jahre 1947 entdeckte Relief trägt, entlangfloß, entspricht die Lage der Situation der Sirkeli-Reliefs.

Ähnlich wie am Sirkeli Höyük ist auch hier in Hemite das Flußbett zwischen zwei Felsrücken eingeengt. Die dadurch erhöhte Strömungsgeschwindigkeit und wohl auch die immer noch bedeutende Wassertiefe werden, sowenig wie in Sirkeli, eine Furt an dieser Stelle zugelassen haben. Wenige Kilometer flußabwärts des Hemite-Felsens jedoch erlaubte der breiter und flacher werdende Ceyhan Nehri eine Überquerung. Zwar liegt das Felsrelief von Hemite nicht an einer Außengrenze des Reiches – allenfalls

Abb. 190 Hemite. Der Ceyhan-Fluß zwischen den an beiden Ufern liegenden Felsen, jenseits im Mittelgrund der Felsstock, der das Relief trägt.

kann die Südostgrenze von Kizzuwadna, eines «Inneren Landes» hier am Ceyhan verlaufen –, doch läßt die geographische Situation durchaus an ein «Grenzrelief» denken. Die Lage des Reliefs am jenseitigen, rechten Ufer des Flusses muß für diese Deutung nicht als Hinderungsgrund angesehen werden, denn dort, auf jener Seite des Ceyhan, verliefen am Ostrande der Ebene die von Norden her kommenden Verkehrswege nach Syrien, gekreuzt von den nach Osten führenden Wegen, die in der Nähe den Fluß überquerten. Ein Brückenkopf auf dem rechten Ufer erlaubte die Kontrolle über diesen wichtigen Knotenpunkt der antiken Wege, auf deren noch im Mittelalter bestehende Bedeutung die Burgruine Amuda hinweist.[182] Dort lag auch der günstigste, wirkungsvollste Ort für die Ausarbeitung des Reliefs.

Auf diesem ist eine männliche, 1,75 m hohe Gestalt, die sich nach links wendet, im Gewand und mit der Bewaffnung eines Kriegers dargestellt (Abb. 193. 194). Der vorgestreckte rechte Arm des Mannes hält die am unteren Schaftende verwitterte Lanze, der abgewinkelte linke Arm den auf der Schulter getragenen, großen Bogen. Vor dem Körper, auf dessen linker Seite, trägt der Krieger das Schwert mit schön ausgearbeiteten Details des halbmondförmigen Griffes und der Öse zum Anhängen der Scheide an den Gurt. Die Darstellung ist somit seitenrichtig und wirklichkeitsgetreu. Den Kopf des Kriegers bedeckt eine halbrunde Kappe, deren unteren Rand zwei Schmuckränder zieren. Am Ohr hängt ein bei männlichen Gestalten der Großreichszeit häufig anzutreffender, großer Ohrschmuck, hinter dem lange Nackenhaare zu sehen sind. Von den Einzelheiten des Gesichtes sind das Auge, die vorspringende Nase, das bartlose Kinn und die Wangenpartie noch auszumachen (Abb. 195). Auffallend kraftvoll betont sind die Partien der Oberarme und der hochgewölbten Schultern dargestellt, zwischen denen ein offener, geschwungener Schalkragen den Hals freigibt. Trotz der im unteren Teil des Reliefs besonders starken, durch noch immer anhaltende Steinwürfe verursachten Beschädigungen sind von dem kurzen Schurzrock noch die geschwungenen Säume – der vordere ist mit einer begleitende Rille verziert – zu erkennen. Darunter treten die kräftig modellierten Beine und die üblichen hethitischen Schnabelschuhe hervor.

Hinter der Gestalt (vgl. Hatip, Sirkeli) steht in Höhe des Oberkörpers eine im Relief ausgeführte Hieroglyphenbeischrift, deren zwei untereinander stehende Zeichengruppen durch eine horizontale Leiste getrennt sind (Abb. 194. 196):

x-TONITRUS REX+FILIUS
TONITRUS-DARE? REX+FILIUS FILIUS
«. . . tarḫunta, Prinz, Sohn des Tarḫuntabija, des Prinzen».

Mit den links oben beginnenden Zeichen der oberen Gruppe wird der noch nicht geklärte Name des Stifters genannt, mit den unteren der Name seines Vaters. Beide Personen sind durch den Titel REX+FILIUS als Prinzen bezeichnet, deren Namen als Komposita mit dem des Wettergottes (TONITRUS) gebildet sind. Bei dem Namen des Vaters in der unteren Gruppe steht unter dem Zeichen des Gottes eine nach rechts ausgestreckte, leicht beschädigte Hand, bei der es sich wohl um das Wortzeichen DARE (= *pi*) handelt. Hawkins hält es für denkbar, «daß der letztgenannte Name, also Tarḫuntabija, mit dem der rechten Inschrift im Felsrelief von Hanyeri [s. Kap. S. 76 ff.] in Zusammenhang gebracht werden kann»[183], der allerdings Tarḫuntabijammi lautet. Ein Prinz Tarḫuntabija wird in der Zeugenliste des Ulmitessuba-Vertrages genannt, der in die Regierungszeit des Großkönigs Ḫattusili II. (ca. 1265–1240 v. Chr.) fällt.[184]

Abb. 191 Hemite. Die mittelalterliche Burgruine Amuda ragt hinter dem Relieffelsen auf.

Abb. 192 Hemite. In der großen Felspartie in der Bildmitte, dicht über dem früheren Wasserspiegel, ist das Relief erkennbar.

Abb. 193 Hemite. Eine nach links gewandte Kriegergestalt, hinter der die Beischrift steht.

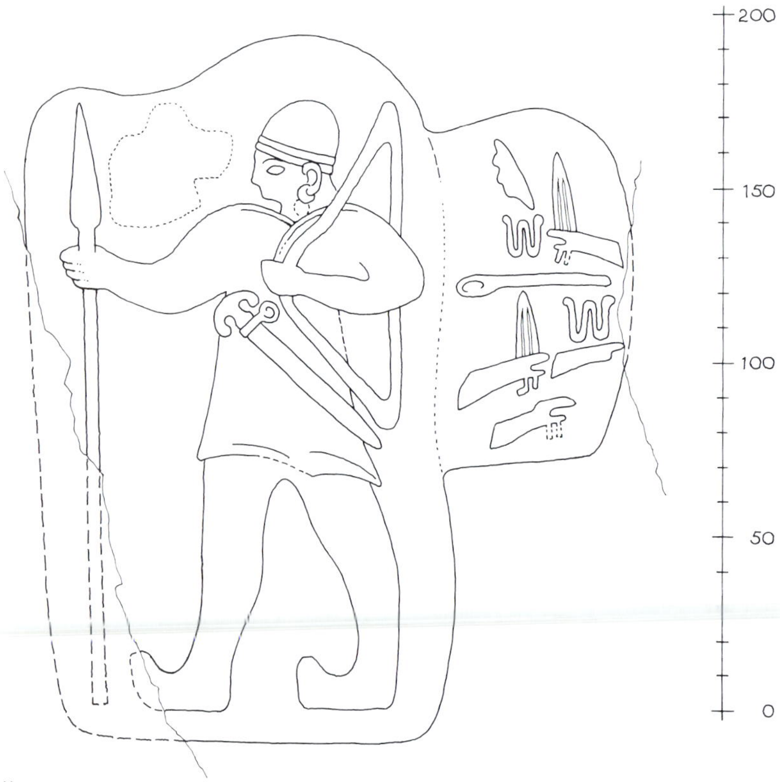

Abb. 194 Hemite. Umzeichnung des Reliefs (vgl. Abb. 193).

Abb. 195 Hemite. Zahlreiche Einzelheiten wie z. B. die Kalottenkappe mit Schmuckrändern, das Ohr mit großem Schmuck, Details des Gesichtes und der Waffen läßt die Detailaufnahme erkennen.

Abb. 196 Hemite. Die Beischrift bezeichnet den Krieger als Prinzen und nennt dessen Namen sowie den seines Vaters, auch dieser ein Prinz.

Abb. 197 Keben. In der Felswand über dem Dorf führt ein alter Weg hinauf ins Gebirge.

KEBEN – RÄTSELHAFTE FRAUENGESTALT AM ALTEN BERGSTEIG

Die gewaltigen Ketten des Taurusgebirges, deren Gipfel bis in Höhen über 3000 m reichen, schieben sich als trennender Riegel zwischen die inneranatolische Hochebene und die südtürkische Mittelmeerküste. Nördlich des Gebirges lag das Kernland des Hethiterreiches mit seiner Hauptstadt Ḫattusa, südlich das alte, in hethitischer Zeit wichtige Land Kizzuwadna, zu dem auch die kilikische Küstenebene gehörte. Deren westlicher Teil, das sog. Rauhe Kilikien (Kiikia aspera) ist die schmale Küstenlandschaft am Südabfall des Gebirges, östlich schließt sich das weite «Ebene Kilikien» an, das fruchtbare Schwemmland der Çukurova, die den in weitem Bogen nach Norden ziehenden Bergen südlich vorgelagert ist. Nur an wenigen Stellen läßt das unwegsame Gebirge eine Durchquerung zu. Ganz im Osten führt die wichtige antike Verbindung aus dem Halysbogen über den Gezbelpaß, bei dem die beiden Felsreliefs von İmamkulu und Hanyeri liegen, am Rande der kilikischen Ebene nach Syrien. Im Westteil von Kizzuwadna öffnet die sog. Kilikische Pforte den im Altertum wesentlich schwieriger gewesenen Weg von Kappadokien durch die Taurusschluchten nach Tarsus. Westlich beginnt dann jenseits des Grenzflusses Lamos das Gebiet des großen Landes Tarḫuntassa, das sich westwärts bis zum Fluß Kastraja, dem antiken Kestros, erstreckte, der bei Parḫā/Perge ins Meer mündet. Durch Tarḫuntassa zog von Lykaonien aus die alte Heerstraße über Karaman, den nur 1610 m hohen Sertavulpaß und Mut nach Silifke, dem antiken Seleukeia und nach der schon in der Bronzezeit wichtigen Hafenstadt Ura.[185] Diese unschwierige Verbindung erschloß den kürzesten Seeweg nach Zypern, dem hethitischen Alasija, das über reiche Kupfervorkommen verfügte. An diesem wichtigen Weg über das westliche Taurusgebirge liegt in einer Felswand oberhalb des Dorfes Keben das Relief (Abb. 197).

Der Tauruskamm war noch in späterer Zeit immer wieder die Grenze zwischen Herrschaftsbereichen. Von der Höhe des Sertavulpasses windet sich der Weg an der Südflanke des Gebirges hinab in das zunächst weite Tal des im Altertum Kalykadnos genannten, klaren Bergflusses Göksu Nehri, dem er auf dessen linken Ufer folgt. Weiter flußabwärts rücken dann die schroffen Felsen der Taurus-Ausläufer so nahe an die Ufer heran, daß der Weg mehrmals bergwärts ausweichen muß, um steile Abstürze zu umgehen, während die moderne Straße auf tiefer liegender Trasse die Hindernisse mit Kunstbauten überwindet. Über dem Dorf Keben zieht entlang einer fast senkrechten Felswand ein alter, noch teilweise mit antikem Pflaster befestigter Steig vom Gebirge hinunter ins Tal (Abb. 198). Weit folgt der Blick von der Höhe den Windungen des Göksu Nehri durch das fruchtbare Hügelland, dem die zurückweichenden Berge noch einmal Raum geben, ehe sie sich in der Ferne wieder zu einer engen Schlucht schließen (Abb. 199). Dort ertrank während des dritten Kreuz-

Abb. 198 Keben. Der alte Weg in der Wand ist teils noch mit antikem Pflaster versehen.

Abb. 200 Keben. In der Wand über dem Weg wendet sich eine weibliche Gestalt talwärts.

Abb. 201 Keben. Wenig unterhalb am Weg befinden sich zwei wohl römerzeitliche Kammergräber.

zuges am 10. Juni 1090 Kaiser Friedrich I. Barbarossa in einer Furt durch den damals Saleph (Selphica) genannten Fluß.

Das Relief, das zuerst 1976 O. A. Taşyürek publiziert hat[186], befindet sich in einer Felswand 4 m hoch über dem antiken Weg (Abb. 200). Nur wenig unterhalb liegen im Fuß der Felswand am Weg zwei Kammergräber (Abb. 201), und ganz unten sind auf einer Hangterrasse vor der gleichen Wand oberhalb des Dorfes eine Anzahl rechteckiger Gräber aus dem Felsboden ausgehoben, beide wohl römerzeitlich oder byzantinisch, wie die dort ebenfalls vorhandenen Ruinen von Befestigungsanlagen (Abb. 202).

In einer etwa 1,80 m hohen, tief ausgearbeiteten Nische ist eine knapp lebensgroße weibliche Gestalt, die sich talwärts, nach rechts wendet, im Profil dargestellt (Abb. 203). Beide Arme, denen die Hände fehlen, sind in verschiedener Höhe verhältnismäßig weit vorgestreckt. Der rechte, dem Betrachter zugewandte Arm ist erhoben, der linke leicht abwärts gerichtet. In sorgfältig ausgewogener Gestaltung lehnt sich der Oberkörper kontrapunktisch mit stark ausgeprägtem «Hohlkreuz» zurück. Die plastisch geformte Gesäßpartie und das kraftvoll modellierte Standbein bewirken den Eindruck eines sicheren, ruhigen Stehens. Der Darstellungsmaßstab des Kopfes und der durch Stirnbänder verzierten Poloshaube ist im Vergleich zu den sonstigen Proportionen wirkungsvoll vergrößert worden. Gut erhalten ist das aus-

Abb. 199 Keben. Vom Weg geht der Blick weit hinunter in die fruchtbare Tallandschaft.

Abb. 202 Keben. Auf der Hangterrasse am Fuße der Wand begegnet man weiteren römerzeitlichen Gräbern.

Abb. 203 Keben. Das etwa lebensgroße Relief einer undefinierten Frauengestalt. Es wird von den Dorfbewohnern «Çolak Kız», das «verkrüppelte Mädchen», genannt.

drucksvolle Gesicht mit den mandelförmigen, talabwärts blickenden Augen und der sich geradlinig aus der Stirn fortsetzenden, kräftigen Nase. Die Gestalt trägt einen großen Ohrschmuck, der auch ein Merkmal der hethitischen Königstracht ist.

Von der Kopfbedeckung fällt ein Schleier oder ein Schal auf die Schulter herab. Er läßt diese jedoch frei hervortreten und geht nicht, wie bei vielen späthethitischen Reliefs, in das Gewand über, was einige Beobachter zu sehen gemeint haben.[187] Eine nur noch schwach wahrnehmbare, der oberen Rückenpartie innen folgende Linie ist wohl so zu deuten, daß der Schleier oder das Tuch dort herabhingen. Den Oberkörper bedeckt ein Mantel oder Umhang, der nur bis zum Knie reicht und der vorne in der Beuge des vorgestreckten rechten Armes in Falten gerafft ist. Unter dem kurzen Umhang trägt die Gestalt ein bodenlanges Unterkleid, das sich um das gestreckte linke Schienbein spannt, die Wade des rechten Beines plastisch hervortreten läßt und das mit feinen Falten in einer langen, bis an den Rand der Nische reichenden Schleppe ausläuft. Beide Füße treten unter der Kleidung nur wenig hervor (Abb. 204).[188]

Ob und gegebenenfalls in welcher ihrer Hände die Frauengestalt, die von den Dorfbewohnern «Çolak Kız»(«Das verkrüppelte Mädchen») genannt wird, früher einen Gegenstand trug, wie es Kohlmeyer vermutet hat[189], läßt sich heute nicht mehr feststellen. Für J. Börker-Klähn trägt die Frauengestalt Schnabelschuhe, jedoch zeigt ihre eigene Umzeichnung flache Schuhe. Sie beschrieb: «Die vorgestreckte Linke hingegen hält einen Gegenstand, der an eine Blüte erinnert.» Diese Blüte, wie sie beispielsweise in späthethitischen Stelen auftritt und die neuzeitliche Betrachter inspiriert haben mag, ist in ihrer Umzeichnung sogar sehr detailliert und komplett mit Kelch, Stengel und Blättern dargestellt.[190] Am Felsrelief von Keben ist und war in den letzten 25 Jahren jedoch keine Spur davon vorhanden (Abb. 205). Aus der Haltung der Arme läßt sich allenfalls die Vermutung ableiten, das diese irgendetwas gehalten haben mögen. Die Annahme, der erhobene rechte Arm hätte den Sprechgestus bedeutet, würde eine Haltung der Hand dichter vor dem Mund erfordern, was bei der gegebenen Lage des Unterarmes ausgeschlossen werden kann. Auch für einen Grußgestus bietet das Relief wegen der restlos fehlenden Hände keinen Anhaltspunkt.

Der obere Rand der Nische ist nicht, wie bei mehreren anderen hethitischen Reliefs, über dem Kopf der Gestalt ausgerundet. Die sauber bearbeitete, rechtwinklig nach unten abknickende rechte Ecke des waagerechten oberen Nischenrandes markiert gewiß die geplante, originäre Breite der Nische, denn wie die von links anlaufende, horizontale Zäsur der Felswand ist auch die nach rechts weiterlaufende von natürlicher Art. Die darunter liegende Fläche rechts des Reliefs wölbt sich bis in die Flucht des unbearbeiteten Felsens vor, ist wie diese abgewittert und hat sicher keine Beischrift getragen. Besonders bemerkenswert ist die außerordentliche Tiefe des Reliefs. Fast vollplastisch hebt sich die Gestalt hoch aus dem Reliefgrund heraus. Die bildhauerische Bearbeitung geht über die Ränder der Profildarstellung hinaus in die erhaben aus dem Reliefgrund hervortretenden Teilflächen der Frontalansichten der Vorder- und Rückseite der Figur. So erhält das Gesicht zusätzlich zum Profil eine halbe Frontalansicht und damit eine außerordentlich plastische Wirkung (Abb. 205). Diese dreidimensionale Formgebung zeigt sich auch bei den in unterschiedlichen Ebenen differenziert ausgearbeiteten Details, so bei den Armen mit dem über dem rechten Arm hängenden Schal des Umhanges und den unter dem Mantelsaum hervortretenden Füßen, ebenso in der kraftvollen Ausformung der gesamten Rückenpartie vom Kopf bis zur Wade (Abb. 204).

Abb. 204 Keben. Detail des Unterkörpers. Deutlich sind das Gewand, die Schleppe sowie die Füße zu sehen.

Abb. 205 Keben. Starke, körperliche Plastizität, detailliert ausgearbeitete, halbe Gesichtsvorderseite. Hier findet sich keine Spur eines in den Händen gehaltenen Gefäßes oder einer Pflanze, wie vielfach vermutet wurde.

Einer Erwägung, daß die talwärts, nach rechts zum Küstenland gerichtete Gestalt in dem Felsrelief von Keben auf eine Deutung als Grenzrelief hinweisen könnte, steht entgegen, daß der Ort im Lande Tarḫuntassa und nicht an einer seiner Grenzen liegt. Eine Beischrift, die vielleicht eine Identifizierung der dargestellten Frauengestalt ermöglichen würde, ist nicht vorhanden. Deshalb kann nur versucht werden, aus dem Bildinhalt und aus stilistischen Merkmalen Hinweise auf eine Interpretation und Datierung zu gewinnen. Zuerst stellt sich dabei die Frage, ob es sich hier um ein Bildwerk der hethitischen Großreichszeit handelt oder um ein solches aus der Zeit der sog. späthethitischen Staaten.

Die große Tiefe des Reliefs verweist auf entsprechende Eigenarten großreichszeitlicher Reliefs, wie sie z. B. deutlich in dem Relief des Torgottes in Ḫattusa vorliegen. Wenngleich die Relieftiefe und die Bearbeitung der Umrisse der abgebildeten Gestalten stets auch von der jeweiligen Art und Struktur des Felsuntergrundes beeinflußt wurden, so sind doch die späthethitischen Reliefs durchweg flacher ausgeführt. Zwar treten auch dort Frauengestalten mit Polos und Stirnbinde auf, beispielsweise auf den Orthostatenreliefs aus Karkamis im Zug der gabenbringenden Frauen und bei der thronenden Kubaba, jedoch hüllt bei diesen, anders als in Keben, ein durchgehender Schleier oder Mantel die gesamte Figur vom Polos bis zu den Füßen ein. Gesicht und Hände erscheinen dort nur in einem bogenförmigen Ausschnitt des Gewandes. Die Gestalt in Keben trägt dagegen einen nur knielangen Umhang über einem Untergewand, das in einer langen Schleppe ausläuft. Schleppen sind die Merkmale der Trachten großreichszeitlicher Reliefs, z. B. bei den weiblichen Gottheiten in der Felskammer A des Heiligtums von Yazılıkaya. Hingegen tragen die Frauen der späthethitischen Reliefs gerade endende, lange Mäntel ohne Schleppe. Erst auf einem urartäischen Goldmedaillon aus Toprakkale findet sich im 6. Jh. v. Chr. wieder die Abbildung einer Schleppe.[191]

Nach Wertung der oben dargelegten Merkmale kann man – anders als Kohlmeyer[192] – eher wohl O. A. Taşyürek[193] und W. Orthmann[194] zustimmen und eine Zuordnung des Felsreliefs von Keben in die Zeit des hethitischen Großreichs als begründet ansehen. Die starke Plastizität der Darstellung findet eine Parallele in der hethitischen Bildkunst der 2. Hälfte des 13. Jhs. v. Chr., in die man mit der gebotenen Vorsicht die Entstehungszeit ansetzen kann. Allerdings werden Bildwerke, die früher dem 1. Jt. v. Chr. zugerechnet wurden, heute zunehmend in die Nach-Großreichszeit des 12./11. Jts. v. Chr. datiert. Das gilt beispielsweise auch für die Felsreliefs und Inschriften am Kızıldağ und auf dem infolge militärischer Inanspruchnahme nicht mehr zugänglichen Karadağ, die beide östlich der Stadt Karaman nahe der alten Straße liegen, die durch das Göksu-Tal über den Sertavul-Paß führt.

Bei der Fragestellung, ob es sich bei der Frauengestalt von Keben um eine Göttin oder eine Königin handelt, ist zu beachten, daß weibliche hethitische Gottheiten – außer in Prozessionszügen wie z. B. in Yazılıkaya – meistens thronend dargestellt werden. Daher wird man in der Gestalt von Keben wohl eher das Bild einer Königin sehen. Anhaltspunkte für eine Datierung können aus den hier vorgetragenen Beobachtungen und Überlegungen nicht gewonnen werden. Auch für eine von M. J. Mellink geäußerte Vermutung, hier sei die Großkönigin Puduḫeba, Gemahlin Ḫattusilis II. und Priesterin der Sonnengöttin von Arinna, dargestellt[195], die sich «Tochter des Landes Kizzuwadna» genannt hat (vgl. Felsrelief von Fıraktın), bieten das Relief und seine Lage im Land Tarḫuntassa keinen Anhaltspunkt.

ZUSAMMENFASSUNG UND HISTORISCHE EINORDNUNG DER RELIEFS

Die Reliefs und die hieroglyphen-luwischen Inschriften auf Felsflächen und Orthostaten aus der hethitischen Großreichzeit in der Türkei stellen eine historisch und kulturgeschichtlich außerordentlich wichtige Denkmälergruppe dar, die in dem Zeitraum zwischen dem letzten Viertel des 14. Jhs. und dem Beginn des 12. Jhs. v. Chr. entstanden ist.

Zu Beginn dieser Epoche, etwa zwischen 1335 und 1320 v. Chr., konnte das Hethitische Reich unter Suppiluliuma I. (ca. 1355–1320 v. Chr.) in einem ersten Schritt – die Schwäche der bis dahin um die Vorherrschaft in Syrien streitenden Großmächte Mitanni und Ägypten ausnutzend – seinen Machtbereich bis nach Nordsyrien und Obermesopotamien ausdehnen und den Reststaat Mitanni (hethitisch Mittanna) sowie die nordsyrischen Länder Alalḫa, Ugaritta, Amurra, Nuḫassa und Astada durch Staatsverträge als föderale Gliedstaaten anschließen, wobei letztere unter politischer Führung der neu eingerichteten hethitischen Sekundogenitur Karkamis einen eigenen, auf enge Kooperation angelegten Staatenverband innerhalb des dezentral organisierten Reiches bildeten. Das so entstehende Großreich grenzte nunmehr unmittelbar an das ägyptische Neue Reich der 18. und 19. Dynastie und konnte seinen nordsyrischen Teil unter Muwattalli II. (Sirkeli, s. Kap. S. 95 ff.) in der Schlacht von Qadeš gegen Ramses II. (1275 v. Chr.) endgültig behaupten.[196]

Die Vollendung zum Großreich erfolgte nur wenig später, 1316/15 v. Chr. unter Mursili II. (ca. 1318–1290 v. Chr.) durch die Zerschlagung des Reiches Arzawa in Westkleinasien und durch die auf Staatsverträgen gegründete Bildung des arzawischen Staatenverbandes, bestehend aus den Ländern Mirā, Ḫaballa und Sēḫa, dem unter Muwattalli II. etwa um 1285/80 v. Chr. ferner auch das Land Wilusa (Troas) vertraglich angegliedert wurde. Dabei nahm Mirā, das Kerngebiet des Reiches Arzawa, ähnlich wie Karkamis in Nordsyrien die politische Führungsstellung ein. Aus der Zeit zwischen ca. 1315 und 1307 v. Chr. dürften die Inschriften vom Suratkaya stammen (s. Kap. S. 91 ff.), die Kubantaruntija als «Großprinzen», also noch vor seinem Regierungsantritt als König von Mirā nennen. Derselbe Kubantaruntija ist auch als der (namentlich nicht mehr erhaltene) Großvater des Königs Tarkasnawa von Mirā in der Inschrift Karabel A anzunehmen (s. Kap. S. 87 ff.).

Während die Inschrift des Tarkasnawa bereits in die späte Regierungszeit Tudḫalijas III. (ca. 1240–1215 v. Chr.) gehört, ist der ebenfalls in dieser Inschrift genannte Vater Tarkasnawas, Alantalli, wohl schon zur Zeit von dessen Vorgänger, Ḫattusili II. (ca. 1265–1240 v. Chr.), König von Mirā geworden. Dieser hethitische Großkönig Ḫattusili II. hatte sich bereits als Prinz unter seinem Bruder Muwattalli II. einen Namen gemacht, war dann allerdings durch die Absetzung seines Neffen, des Muwattalli-Sohnes Urḫitessuba (= Mursili III., ca. 1272–1265 v. Chr.), an die Macht gekommen. Dies führte bald zu einem tiefen Zerwürfnis der reichstragenden königlichen Sippe und bedeutete damit den Anfang vom Ende des hethitischen Großreiches. Gleichwohl verbindet sich mit Ḫattusili II. nicht nur der Abschluß des berühmten hethitisch-ägyptischen Friedensvertrags (1259 v. Chr.), der die Grundlage einer dauerhaften Freundschaft und Kooperation wurde, sowie etwa die mit mancherlei Problemen behaftete Beziehung des Reiches zum Land Aḫḫijawa (Mittelgriechenland), die auch die arzawischen Staaten unmittelbar betraf und bei der Millawanda/Milet ein Dreh- und Angelpunkt war, sondern auch eine Zunahme an Felsreliefs mit hieroglyphen-luwischen Inschriften. Zumindest Taşçı (s. Kap. S. 65 ff.) und Fıraktın (s. Kap. S. 59 ff.), das Ḫattusili II. selbst zusammen mit seiner Gemahlin Puduḫeba zeigt, der auch nach den Keilschrifttexten am besten bezeugten hethitischen Großkönigin, sind diesem Großkönig sicher zuzuordnen.

Der Großteil der heute bekannten Reliefs und hieroglyphen-luwischen Inschriften des 13. Jhs. v. Chr. gehört jedoch in die Zeit Tudḫalijas III., des Nachfolgers Ḫattusilis II. Seine Regierung, auf die eigentlich der legitime Thronprätendent Kurunta von Tarḫuntassa, Sohn Muwattallis II. und jüngerer Bruder des abgesetzten Mursili III., Anspruch gehabt hätte, stand bereits ganz im Zeichen der drohenden Spaltung der hethitischen königlichen Sippe. Dies geht aus vielen Keilschrifttexten, so z.B. auch aus der «Bronzetafel», dem Staatsvertrag zwischen Tudḫalija und seinem Cousin Kurunta, hervor.[197] Augenfällige Zeugnisse dieser schweren inneren Krise des Großreiches sind aber wohl auch das nachträglich unkenntlich gemachte Relief Sirkeli 2 (s. Kap. S. 100 f.) sowie vor allem die Selbstdarstellung Kuruntas als «Großkönig» im Relief von Hatip – eine Provokation, der von der Gegenseite allem Anschein nach wiederum durch die versuchte Zerstörung des Zeichens MAGNUS «Groß-» begegnet wurde (s. Kap. S. 101 ff.). Darüber hinaus sind aber wohl auch die von Tudḫalija selbst stammenden Inschriftenreliefs Yalburt (s. Kap. S. 37 ff.), Köylütoluyayla (s. Kap. S. 47 f.) und Karakuyu (s. Kap. S. 49 f.), zu denen auch die in diesem Band nicht eigens behandelten, beschrifteten Altäre von Emirgazi gehören[198], sowie – sofern nicht erst posthum angebracht – die Umarmungsreliefs von Yazılıkaya, Kammer A und B (s. Kap. S. 17 ff.) und nicht zuletzt die jeweils markant herausgearbeiteten Aediculae Tudḫalijas eindrucksvolle Zeugnisse eines unter ständigem Legitimierungsdruck stehenden Königs.

Auch die in Yazılıkaya ausgeführte Darstellung des Reichspantheons (s. Kap. S. 14 ff.), das in allen hethitischen Staatsverträgen zur Bezeugung des Vertrags aufgerufen und namentlich aufgezählt wird, darf – abgesehen von der kultischen Funktion der Kammer A – vielleicht als Sinnbild der Einheit des Reiches in diesen Zusammenhang gestellt werden, denn Staat und Religion waren bei den Hethitern seit jeher engstens miteinander verflochten.[199] Nach Ausweis der zahlreichen, in Keilschrift überlieferten hethitischen liturgischen Texte waren außer Großkönig und Großkönigin viele weitere Funktionäre, vor allem aus den Reihen der königlichen Sippe, an der Ausübung des Staatskultes beteiligt (vgl. die älteren Reliefs von Alaca Höyük, s. Kap. S. 6 ff.), darunter auch die Prinzen, das heißt diejenigen Mitglieder der königlichen Sippe, die direkt der königlichen Familie entstammten und zumeist auch hohe Ämter in der Reichsadministration bekleideten. Insofern überrascht es nicht, daß mehrere Reliefs, darunter auch solche mit deutlich kultischen Bezügen, mit den Namen von Prinzen verbunden sind, so die von Taşçı A, İmamkulu,

Hanyeri, Malkaya, Akpınar und Hemite. Sie alle dürften in die Zeit Ḫattusilis II. oder Tudḫalijas III. gehören, auch wenn vorerst im einzelnen keine genauere Zuordnung möglich ist.

Eindeutig in die Endphase des Hethitischen Großreiches, also nach ca. 1215 v. Chr., gehören die Reliefs und Inschriften vom Nişantaş und von der Südburg aus der Hauptstadt Ḫattusa, die sich dem letzten hethitischen Großkönig, Suppiluliuma II., zuweisen lassen. Während die leider nur am Anfang lesbare Nişantaş -Inschrift (s. Kap. S. 32) einen Bericht Suppiluliumas II. über die «Mannestaten» seines Vaters Tudḫalija III. gibt, handelt die Südburg-Inschrift (s. Kap. S. 32 ff.) unter anderem auch von einem Feldzug gegen Tarḫuntassa. Dies weist auf eine deutliche Verschärfung der inneren Krise des Großreichs hin, das denn auch nur wenig später, etwa um 1185/80 v. Chr. endgültig zusammengebrochen ist. In diese Endphase dürfte schließlich auch die Stele eines Prinzen im Museum von Afyon (s. Kap. S. 48 f.) zu stellen sein, auch wenn die bisher ungedeuteteten bzw. nicht identifizierten Eigennamen eine genauere zeitliche Einordnung vor oder nach dem Ende des Großreiches noch nicht zulassen.

Wie die neuere Forschung gezeigt hat, folgte auf den Zusammenbruch des Hethitischen Großreichs keine denkmallose «Dunkle Zeit», denn gleichzeitig bzw. in unmittelbarer Folge dieses Zusammenbruchs traten die Sekundogenituren Tarḫuntassa und Karkamis als Großkönigtümer dessen Erbe in Südanatolien und Nordsyrien an. Mehrere Reliefs und hieroglyphenluwische Inschriften, die früher dem 8. Jh. v. Chr. zugewiesen wurden, werden nunmehr bereits ins 12. und 11. Jh. v. Chr. datiert, so daß sich in den genannten Gebieten eine ungebrochene Kontinuität ergibt., Diese setzt sich auch nach dem Zerfall der beiden Großkönigtümer Tarḫuntassa und Karkamis in mehrere, teilweise nur kleine luwische Einzelstaaten bis zu deren Eroberung durch die Assyrer Ende des 8. und Anfang des 7. Jhs. v. Chr. fort. Damit befinden wir uns aber bereits in der sog. späthethitischen Periode Anatoliens und der vorderasiatischen Kulturgeschichte, die auch aufgrund ihres vergleichsweise viel umfangreicheren Denkmäler- und Inschriftenbestandes nicht mehr Gegenstand dieses Bandes sein kann.

Aus jener ereignisreichen Phase des Hethitischen Großreiches, vom Ende des 14. bis zum Beginn des 12. Jhs. v. Chr. vermitteln die Felsreliefs und Inschriften durch Bild und Schrift vielfältige Informationen über Kulthandlungen, militärische und politische Aktivitäten, dynastische Spannungen und über die Namen von Gottheiten, Herrschern, Städten, Ländern und vergöttlichten Bergen, aber auch von Details der Kleidung und Bewaffnung der dargestellten Gestalten. Die Orte, an denen sich die Reliefs befinden, lassen keine einheitliche Gemeinsamkeit erkennen. Einige Reliefs in der Nähe alter, bisweilen noch in unserer Zeit genutzten Verkehrswege sind einfach zu entdecken, andere liegen weitab von Straßen an einsamen Plätzen in wildromantischer Landschaft, und manche sind nur auf schwierigen Pfaden zu erreichen. Mehrere liegen in der Nähe von Quellen oder Wasserläufen, an Wasserbauwerken oder sind auf einen vergöttlichten Berg – oft Sitz des Wettergottes – ausgerichtet. Andere gehören zu Plätzen, die für religiöse Feste oder den Totenkult dienten. Auch die Himmelsrichtung weist keine Regelmäßigkeit auf.

Mehrere Stelen und Orthostaten werden in türkischen archäologischen Museen bewahrt. Weil die Felsreliefs zumeist nur bei Streiflicht gut zu erkennen sind, sollte für einen Besuch der oft nur am frühesten Morgen günstige Sonnenstand bedacht werden. Sind sie erst verschattet, dann können etliche Reliefs kaum noch ausgemacht werden.

Den Grund, aus dem die Hethiter für die Ausmeißelung von Reliefs und Inschriften eine bestimmte Felsfläche wählten, während nahebei andere, uns heute geeigneter erscheinende zur Verfügung standen, können wir Angehörigen der Neuzeit nicht mehr erkennen. Er wird uns wohl für immer verborgen bleiben, wenn nicht eines Tages ein Keilschrifttext überraschenden Aufschluß gibt.

CHRONOLOGISCHE ÜBERSICHT ZU DEN RELIEFS DES HETHITISCHEN GROSSREICHES

Hethitische Großkönige:	Reliefs und Inschriften:
ca. 1355–1320 v. Chr. Suppiluliuma I. Bildung des Großreiches durch vertraglichen Anschluß der Länder Azzi-Ḫajasa (Ostkleinasien), Mittanna (Mitanni) sowie der nordsyrischen Staaten (z. B. Ugarit, Amurru)	Vielleicht bereits aus dem 14. Jh. v. Chr. stammend (ohne Inschriften): Reliefs von Alaca Höyük. Stele von Altınyayla/ Sivas
ca. 1320–1318 v. Chr. Arnuwanda II.	
ca. 1318–1290 v. Chr. Mursili II. Vollendung des Großreiches. Eroberung des Reiches Arzawa (Westkleinasien). Vertraglicher Anschluß der Staaten Mirā, Ḫaballa und Sēḫa	Felsrelief am Karabel (mit Inschrift), Inschriften von Suratkaya/Latmosgebirge (Westkleinasien)
ca. 1290–1272 v. Chr. Muwattalli II. Vertraglicher Anschluß des Landes Wilusa an das Großreich. Verlegung der Hauptstadt nach Tarḫuntassa. Schlacht bei Qadeš gegen Pharao Ramses II. Erste Spannungen in der königlichen Sippe	Felsreliefs von Sirkeli 1 (mit Inschrift), auch (?) des eradierten Reliefs von Sirkeli 2
ca. 1272–1265 v. Chr. Mursili III. (Urḫitessuba) Rückverlegung der Hauptstadt nach Ḫattusa	
ca. 1265–1240 v. Chr. Ḫattusili II. Seine Thronusurpation führt zur Spaltung der königlichen Sippe und markiert den Anfang vom Ende des Hethitischen Großreiches. Einrichtung der Sekundogenitur Tarḫuntassa für Kurunta (Ulmitessuba), Sohn Muwattallis, mit legitimem Anspruch auf den hethitischen Thron	Felsreliefs (mit Inschrift): Fıraktın, Taşçı Aus dem 13. Jh. v. Chr. stammend: Felsreliefs (mit Inschrift): İmamkulu, Hanyeri/Gezbel, Hemite; (ohne Inschrift): Stele von Fasıllar, Keben (?)
ca. 1240–1215 v. Chr. Tudḫalija III. Feldzug nach Lykien. Bemühungen um die Einheit der königlichen Sippe. Protokollarische Gleichstellung des Königs Kurunta von Tarḫuntassa mit dem König von Karkamis («Bronzetafel»). Kurunta erklärt sich einseitig zum Großkönig (Hatip)	Felsreliefs (mit Inschrift): Reichsheiligtum Yazılıkaya, Relief vom Haus A (Oberstadt Ḫattuša), Aedicula von Karakuyu, Inschrift von Köylütolu, Inschriften und Reliefragment von Yalburt, Stele im Museum von Afyon
ab ca. 1215 v. Chr. Arnuwanda III.	
bis ca. 1190/85 v. Chr. Suppiluliuma II. Feldzüge nach Māsa und Lukkā. Seeschlacht vor Alasija. Ein Feldzug nach Tarḫuntassa weist auf einen inzwischen auch militärisch geführten Machtkampf innerhalb des Reiches	Felsreliefs und Inschriften in der Südburg von Ḫattusa, Inschrift am Nişantaş in Ḫattusa Stele im Museum von Afyon (Zeitstellung unklar)
ca. 1185/80 v. Chr. Zusammenbruch des hethitischen Großreiches	

ANHANG

Anmerkungen

[1] Alexander 1989, 151 ff.
[2] Baltacioğlu 1993, 55 ff.
[3] Bittel 1976a, 203.
[4] Haas 1982, 49, 52.
[5] Bittel 1976a, 204. 205. 208.
[6] von der Osten 1933, 56 ff.
[7] Kühne 2001, 228 ff.
[8] Akurgal 1961, 79.
[9] von der Osten 1930, 172.
[10] Kohlmeyer 1983, 46.
[11] Ders., ebd. 47.
[12] Akurgal 1961, 73.
[13] Bittel 1976b, 15 Anm. 23.
[14] Orthmann 1964, 221 ff.
[15] Kohlmeyer 1983, 47, 48.
[16] Akurgal 1961, 73.
[17] Bittel 1976a, 193, 195.
[18] Texier 1839.
[19] Bittel u. a. 1975.
[20] Kohlmeyer 1983, 48 ff.
[21] Naumann, in: Bittel u. a. 1975, 34.
[22] Güterbock, in: Bittel u. a. 1975, 174.
[23] Ders., ebd. 174.
[24] Ders., ebd. 173, 174.
[25] Bittel, ebd. 252.
[26] Ders., ebd. 148, 149; Güterbock, ebd. 169–172.
[27] Vgl. F. Starke 1990, 344 f.
[28] Bittel, in: Bittel u. a. 1975, 250, 251.
[29] Vgl. hierzu Hawkins 1995, 108–113.
[30] Bittel, in: Bittel u. a. 1975, 155 ff.
[31] Ders., ebd. 248.
[32] Schirmer, ebd. 49 ff., 57–60, Abb. 26.
[33] Naumann, ebd. 42, 43, Abb. 15.
[34] Ders., ebd. 45; Bittel, ebd. 255, 256.
[35] Bittel, ebd. 163, 164; Güterbock ebd. 191, 192.
[36] Naumann, ebd. 42.
[37] Ders., ebd. 44.
[38] Orthmann 1983.
[39] Neve 1989, 345 ff.
[40] Bittel, in: Bittel u. a. 1975, 254.
[41] Kohlmeyer 1983, 66.
[42] Bittel 1989, 33 ff.
[43] Bittel 1976a, 226, 228.
[44] Steinherr 1972, mit Nachzeichnungen und Taf. 1–5.
[45] Neve 1992, 49 ff.
[46] Güterbock 1967a, 76 und 78; Cancik 2002.
[47] Neve 1992, 70.
[48] Ders., ebd. 35 f., Abb. 100–103.
[49] Hawkins 1995, 21.
[50] Korfmann 1999, 22–25.
[51] Steinherr 1965, 23.
[52] Masson 1980, 119, 120, Fig. 5.
[53] Poetto 1993.
[54] Hawkins 1995, Appendix 1, 66 ff.
[55] Poetto u. a. 2000, 99–112.
[56] Poetto 1993, 21; Hawkins 1995, Appendix 1, 70.
[57] Hawkins, ebd. 83, 84.
[58] Starke, Mitteilung v. 18. 2. 2004.
[59] Starke, Mitteilung v. 18. 2. 2004.
[60] Temizer, in: Özgüç 1988, *Introduction* XXV.
[61] Dinçol u. a. 2000.
[62] Masson, 1980, 106 ff. Fig. 2.
[63] Dies. ebd. 106.
[64] Starke, Mitteilung v. 2. 5. 2003 / 19. 2. 2004.
[65] Vgl. Hawkins 1998, 9, Anm. 23.
[66] Vgl. Starke 1996.
[67] Şahin / Tekeoğlu 2000, 540–545.
[68] Dinçol u. a. 2000, 4.
[69] Gelb 1939, 32, 33, Taf. LI, LII.
[70] von der Osten 1933, 123 ff.
[71] Starke, Mitteilung v. 20. 2. 2004. Diese Zeile der Inschrift und die genannten Berge sind in dem Aufsatz von F. Forliani, *Le Mont Sarpa*, in: *Hethitica* 7 (1987) 73–87 behandelt.
[72] Bittel 1976a, 349.
[73] Emre 2002, 228, 230.
[74] Z. B.: Naumann 1971, 443; Kohlmeyer 1983, 37, der vermutete, daß sich unter den drei Innenzonen/pfeiler «ein weiterer tiefer gelegter, durchgehender Stein als Gründung der Mittelpartie» befindet; ebenso Börker-Klähn / Börker 1975, 9, 16; Börker-Klähn 1993, 340, 341 Fig. 2, 351, 352; Börker-Klähn, ebd. 351: «Die mittleren drei Kegel sind herausnehmbar [der innere ist der tragende zentrale Pfeiler !]; sie müssen daher temporär der Aufnahme irgendwelcher Vorrichtungen gedient haben.» Börker-Klähn u. a. 1987, 176–179.
[75] Börker-Klähn, ebd. 353, 354.
[76] Bittel 1953, 4, 5: Protohattisches, solares Götterpaar; Börker-Klähn / Börker 1975, 34 f.: Wettergott u. Sonnengöttin von Arinna; Kohlmeyer 1983, 42, 43: Sonnengott des Himmels u. Sonnengöttin von Arinna.
[77] Bittel 1953.
[78] So Mellaart 1962, 112, Fig. 2; Orthmann 1964, Abb. 2.
[79] Kohlmeyer 1983, 38, Fig. 14.
[80] Börker-Klähn 1993, 339, 340, Abb. 2a.b (falsch: Fig. 1).
[81] Emre 2002, 228.
[82] Zur Identifizierung des Flusses Ḫulaja mit dem Çarşambasuyu vgl. Hawkins 1995, 53.
[83] Ramsey / Hogarth 1893, 87 f.
[84] Starke 1990, 424, Anm. 1533.
[85] Haas 1982, 49.
[86] Bittel 1976, 173, Abb. 194.
[87] Kohlmeyer 1983, 71, Anm. 642.
[88] Ders., ebd. 88, zu Hanyeri.
[89] Ders., ebd. 69, Anm. 630.
[90] Z. B. Bittel 1976a, 161 f., Abb. 170, 172, 173.
[91] Vgl. Starke 1990, 518, Anm. 1914.
[92] Vgl. Meriggi 1975, 309: «Der Name des Gottes, wahrscheinlich TRH [Wettergott], ist nicht (mehr?) vorhanden.» («Il nome del dio, presumibilmente TRH, non c'è (più?).»)
[93] Güterbock 1978, 127–136.
[94] Starke 1990, 468, Anm. 1705.
[95] Kohlmeyer 1983, 73.
[96] Ders., ebd. 68, Anm. 615 mit Verweis auf T. und N. Özgüç, von der Osten, Bittel.
[97] Gelb 1939, 20, 38 (Nr. 51) Taf. LXXVI,
[98] Kohlmeyer 1983, 74 ff.
[99] Steinherr 1975, 313–317.
[100] Bittel 1976a, 185, Abb. 208.
[101] Vgl. zum folgenden Hawkins 2000, 39, Anm. 13.
[102] Vgl. Güterbock 1942, 102, Nr. 199.
[103] Vgl. Starke 1990, 413 f. mit Anm. 1488 und Dinçol / Dinçol 2001, 82 f.
[104] Kohlmeyer 1983, 80 ff.
[105] Ders., ebd., 83.
[106] Identifizierung durch Güterbock 1979, 238.
[107] Vgl. Starke 1990, 236, Anm. 806.
[108] Vgl. Kohlmeyer 1983, 80.
[109] Börker-Klähn 1977, 64 f.
[110] Vgl. Güterbock 1993, 113 f.
[111] Wegner 1981, 37 f., 93.
[112] Keel 1992, 155.
[113] Börker-Klähn 1977, 64-72.
[114] Kohlmeyer 1983, 86 ff.
[115] Bossert 1954, 130.
[116] Bittel 1976a, 186 und zu Abb. 201.
[117] Börker-Klähn 1982, I 258, II Abb. 314b.
[118] Hawkins 2000, 39, Anm. 15.
[119] Haas 1982, 52.
[120] Kohlmeyer 1983, 88.
[121] Hawkins 2000, 39, Anm. 15.
[122] Müller-Karpe 2003, 313–19.
[123] Bittel 1976b.
[124] Neve 1992, 19.
[125] Bossert 1950, 506.
[126] Rossner 1988,136–139.
[127] Meriggi 1975, 285–287.
[128] Bossert 1958, 327.
[129] Starke 1998; Starke 2000; Starke 2001b; Starke 2001c sowie die Karten Starke 2002a.
[130] Akurgal 1961, 83.
[131] Bittel 1976a, 188, 234 und zu Abb. 204, 205.
[132] Spanos 1983, 482.
[133] Kohlmeyer 1983, 34.
[134] Bossert 1946, 18.
[135] Gollop / Krall 1882, 307 ff.
[136] Güterbock / Alexander 1983, 29–32, Fig. 1.

[137] Poetto 1988, 171–186.
[138] Bittel 1967, 5–23.
[139] Kohlmeyer 1983, 12 ff.
[140] Sayce 1879, 1899; Messerschmitt 1900; Garstang 1929; Bittel 1939–41, Abb. 3; Steinherr 1965, Abb. 2; Bean 1966, 56 Fig. 12; Meriggi 1975, 260 f.
[141] Bittel 1967; Kohlmeyer 1983, 12ff.
[142] Hawkins 1998.
[143] Starke 2002a, Karte, 306/7, chronologische Übersicht, 310–315.
[144] Starke 2000, 250–255.
[145] Starke 1997.
[146] Güterbock 1967b, und in: Bittel u. a. 1975, 53.
[147] Peschlow-Bindokat / Herbordt 2001, 363–378; Peschlow-Bindokat 2002, 211–215.
[148] Vgl. z. B. Niemeier 2002, 295; Starke 2001a, 38 und Starke 2002a.
[149] Herbordt, in: Peschlow-Bindokat 2001, 367–378.
[150] Dies., ebd. 375.
[151] Starke, brieflich, 6. 7. 2002.
[152] Peschlow-Bindokat 2001, 366.
[153] P. W. Haider, brieflich 1996.
[154] Starke 1999, 530.
[155] So Börker-Klähn 1996, 39, Anm. 12; Kohlmeyer 1983, 96, 99.
[156] Börker-Klähn ebd.
[157] Dagegen: Haider 1999, 140; Hofbauer / Masch 1997, 133.
[158] Garstang, 1937; Gelb, 1939, Taf. LXI.
[159] Börker-Klähn 1996, 90, 91.
[160] Güterbock 1937, 66 ff.
[161] U. a. Börker-Klähn 1982, 260.
[162] U. a. Kohlmeyer 1983, 93, 96.
[163] Haider 1999, 133–140, Abb. 34
[164] Ehringhaus 1997, 109–115, 1999, 83–101; Ders., 1998, 89–104.
[165] Ehringhaus 1995, 66.
[166] Neve 1996, 19–21; jener anzutreffenden Auffassung war aufgrund theoretischer Überlegungen auch L. Börker-Klähn 1996, 89 gefolgt.
[167] Hrouda 1997, 471–474.
[168] Ders., ebd., 472.
[169] Ehringhaus 1998, 89–104.
[170] Dinçol 1998, 27–35, Abb. 1, 2.
[171] Börker-Klähn 1999, 69, Abb. 1d c
[172] Dies. ebd.
[173] Dies. ebd. 60.
[174] Z. B. Sirkeli 1 (Abb. 176, 178), Neve 1989, 57, Abb. 149.
[175] Z. B. Akurgal 1961, 81
[176] Dinçol / Dinçol 1996, 8–9.
[177] Neve 1992, 19.
[178] Otten 1989.
[179] van den Hout 1995, 82–96.
[180] Dinçol u. a. 2000, 2, Fig. 2.
[181] Seton-Williams 1954, 121–174.
[182] Hellenkemper 1976, 123 ff.
[183] Hawkins 2000, 39, Anm. 16.
[184] van den Hout 1995, 211–215.
[185] Vgl. Lemaire 1993, 227–236).
[186] Taşyürek 1976, 97 f., 99 f.
[187] Vgl. Bittel 176a, Abb. 287 und 289.
[188] Ehringhaus 1995, 215–219 und Abb. 6–8.
[189] Kohlmeyer 1983, 102.
[190] Börker-Klähn 1982, Abb. 321.
[191] Vgl. auch Ehringhaus 1995b.
[192] Kohlmeyer 1983, 102.
[193] Taşyürek 1976, 97 f., 99 f.
[194] Orthmann 1974–77, 269.
[195] Mellink 1976, 267.
[196] Vgl. Starke 2002a, 306/7 (Karte) und Starke 2002b, 314/15 (chronologische Übersicht).
[197] Otten 1989.
[198] Hawkins 1995, 86–102.
[199] Vgl. z. B. Starke 1998, 197.

Bibliographie

Akurgal 1961 = E. Akurgal, *Die Kunst der Hethiter* (1961).
Alexander 1989 = R. L. Alexander, *A Great Queen Relief on the Sphinx Piers at Alaca Höyük. Anatolian Studies* 39 (1989) 151–158.
Baltacioğlu 1993 = H. Baltacioğlu, *Four Reliefs of Alacahöyük*, in: M. J. Mellink / E. Porada / T. Özgüç (Hrsg.), *Aspects of Art and Iconography: Anatolia and Its Neighbors, Studies in Honor of Nimet Özgüç* (1993) 55–60.
Bean 1966 = G. E. Bean, *Aegean Turkey* (1966).
Bittel 1939–41 = K. Bittel, *Die Reliefs am Karabel bei Nif (Kemal Paşa). Nebst einigen Bemerkungen über die hethitischen Denkmäler Westkleinasiens. Archiv für Orientforschung* 13 (1939–41) 181–193.
Bittel 1953 = K. Bittel, *Beitrag zu Eflâtun Pınar. Bibliotheca Orientalis* 10 (1953) 2–5.
Bittel 1967 = K. Bittel, *Karabel. Mitteilungen der Deutschen Orient-Gesellschaft* 98 (1967) 5–23.
Bittel 1976a = K. Bittel, *Die Hethiter. Die Kunst Anatoliens vom Ende des 3. bis zum Anfang des 1. Jahrtausends vor Christus* (1976).
Bittel 1976b = K. Bittel, *Beitrag zur Kenntnis hethitischer Bildkunst. Sitzungsberichte der Heidelberger Akademie der Wissenschaften, Philologisch-historische Klasse 1976/4* (1976).
Bittel 1989 = K. Bittel, *Bemerkungen zum hethitischen Yazılıkaya*, in: K. Emre / B. Hrouda / M. Mellink / N. Özgüç (Hrsg.), *Anatolia and the Ancient Near East, Studies in Honor of Tahsin Özgüç* (1989) 33–38.
Bittel u. a. 1975 = K. Bittel / J. Boesneck / B. Damm / H.-G. Güterbock / H. Hauptmann / R. Naumann / W. Schirmer, *Das Hethitische Felsheiligtum Yazılıkaya. Boğazköy-Ḫattuša* IX (1975).
Börker-Klähn 1977 = J. Börker-Klähn, *Imamkulu gelesen und datiert? Zeitschrift für Assyriologie und verwandte Gebiete* 67 (1977) 64–72.
Börker-Klähn 1982 = J. Börker-Klähn, *Altvorderasiatische Bildstelen und vergleichbare Felsreliefs*. Band I–II. *Baghdader Forschungen* 4 (1982).
Börker-Klähn 1993 = J. Börker-Klähn, *Noch einmal Iflatun Pınar*, in: M. J. Mellink / E. Porada / T. Özgüç (Hrsg.), *Aspects of Art and Iconography: Anatolia and Its Neighbors, Studies in Honor of Nimet Özgüç* (1993) 339–355.
Börker-Klähn 1996 = J. Börker-Klähn, *Grenzfälle: Sunassura und Sirkeli oder die Geschichte Kizzuwatnas. Ugarit-Forschungen* 28 (1996) 37–104.
Börker-Klähn 1999 = J. Börker-Klähn, *Schrift-Bilder. Ugarit-Forschungen* 31 (1999) 51–73.
Börker-Klähn / Börker 1975 = J. Börker-Klähn / Chr. Börker, *Eflatun Pınar. Zu Rekonstruktion, Deutung und Datierung. Jahrbuch des Deutschen Archäologischen Instituts* 90 (1975) 1–41.
Börker-Klähn u. a. 1987 = J. Börker-Klähn / L. Meitner / K. Peckeruhn, *Neues zu Iflatun Pinar. Archív Orientální* 55 (1987) 176–179.
Bossert 1946 = H. Th. Bossert, *Asia* (1946).
Bossert 1950 = H. Th. Bossert, *Orientalia (Nova Series)* 19 (1950) 506.
Bossert 1954 = H. Th. Bossert, *Das hethitische Felsrelief bei Hanyeri (Gezbeli). Orientalia (Nova Series)* 23 (1954) 129–147.
Bossert 1958 = H. Th. Bossert, *Die H-H Inschrift von Malkaya. Orientalia (Nova Series)* 27 (1958) 325–350.
Cancik 2002 = H. Cancik, *Die hethitische Historiographie, Geschichtsschreibung vor den Griechen* I, in: *Die Hethiter und ihr Reich*, Ausst. Kat. Bonn/Berlin 2002 (2002) 74–77.
Dinçol 1998 = A. M. Dinçol, *Die Entdeckung des Felsmonuments in Hatip und ihre Auswirkungen über die historischen und geographischen Fragen des Hethiterreichs. Turkish Academy of Sciences Journal of Archaeology* 1 (1998) 27–35.
Dinçol u. a. 2000 = A. M. Dinçol / Y. Yakar / B. Dinçol / A. Taffet, *The Borders of the Appanage Kingdom of Tarhuntassa. A Geographical and Archaeological Asessment. Anatolica* 26 (2000) 1–29.
Dinçol / Dinçol 1996 = A. M. Dinçol / B. Dinçol, *Hatip Anıtındaki Hiyeroglif Yazıi [Die hieroglyphische Inschrift am Monument von Hatip]. Arkeoliji ve Sanat* 18 (1996) 8–9.
Dinçol / Dinçol 2001 = A. M. Dinçol / B. Dinçol, *Der Titel „LÚ ^{GIŠ}ŠUKUR im Hieroglyphischen*, in: Th. Richter / D. Prechel / J. Klinger (Hrsg.), *Kulturgeschichten, Altorientalische Studien für Volkert Haas zum 65. Geburtstag* (2001) 81–83.
Ehringhaus 1995a = H. Ehringhaus, *Hethitische Felsreliefs der Großreichszeit entdeckt. Antike Welt* 1 (1995) 66.
Ehringhaus 1995b = H. Ehringhaus, *Das hethitische Felsrelief von Keben. Antike Welt* 3 (1995) 215–219, Abb. 6–8.
Ehringhaus 1997 = H. Ehringhaus, *Sirkeli Höyük, Kampagne 1995, Lage der Schnitte und architektonischer Befund. Istanbuler Mitteilungen* 47 (1997) 109–115.
Ehringhaus 1998 = H. Ehringhaus, *Nürnberger Blätter zur Archäologie* 14 (1997/98) 89–104.
Ehringhaus 1999 = H. Ehringhaus, *Vorläufiger Bericht über die Ausgrabung auf dem Sirkeli Höyük. Provinz Adana/Türkei im Jahre 1997, Allgemeines zu den Grabungsergebnissen von 1997. Istanbuler Mitteilungen* 49 (1999) 83–101.
Emre 2002 = K. Emre, *Felsreliefs, Stelen. Orthostaten*, in: *Die Hethiter und ihr Reich*, Ausst. Kat. Bonn/Berlin 2002 (2002) 218–233.
Garstang 1929 = J. Garstang, *The Hittite Empire* (1929).
Garstang 1937 = J. Garstang, *Annals of Archaeology and Anthropology* 24 (1937) Taf. LXI.
Gelb 1939 = I. J. Gelb, *Hittite Hieroglyphic Monuments. Oriental Institute Publications* (1939).
Gollop / Krall 1882 = E. Gollop / J. Krall, *Wiener Studien* 4 (1882) 307 ff.
Gonnet 1981 = H. Gonnet, *Report: Beyköy (İhsaniye-Afyon) 1979*, in: *Anatulian Studies* 31 (1981) 181–183.
Gonnet 1994 = H. Gonnet, *The Cemetery and Rock-Cut Tombs of Beyköy in Phrygia*, in: A. Çilingiroğlu / D. H. French (Hrsg.), *Anatolian Iron Ages* 3 (1994) 75–90.
Güterbock 1937 = H. G. Güterbock, *Annals of Archaeology and Anthropology* 24 (1937) 66 ff.
Güterbock 1942 = H. G. Güterbock, *Siegel aus Boğazköy* II: *Die Königssiegel von 1939 und die übrigen Hieroglyphensiegel. Archiv für Orientforschung*, Beiheft 7 (1942).
Güterbock 1967a = H. G. Güterbock, *The Hittite Conquest of Cyprus Reconsidered. Journal of Near Eastern Studies* 26 (1967) 73 81.
Güterbock 1967b = H. G. Güterbock, *Das dritte Monument am Karabel. Istanbuler Mitteilungen* 17 (1967) 63–71.
Güterbock 1978 = H. G. Güterbock, *Die Hieroglypheninschrift von Fraktin*, in: B. Hruska / G. Komoróczy (Hrsg.), *Festschrift Lubor Matouš* I (1978) 127–136.

GÜTERBOCK 1979 = H. G. GÜTERBOCK, *Hieroglyphische Miszellen*, in: O. CARRUBA (Hrsg.), *Studia Mediterranea Piero Meriggi dicata, Studia Mediterranea* 1 (1979) 235–245.
GÜTERBOCK 1993 = H. G. GÜTERBOCK, *Gedanken über ein Hethitisches Königssiegel aus Boğazköy. Istanbuler Mitteilungen* 43 (1993) 113–116.
GÜTERBOCK / ALEXANDER 1983 = H. G. GÜTERBOCK / R. L. ALEXANDER, *The Second Inscription on Mt. Sipylos. Anatolian Studies* 33 (1983) 29–32.
HAAS 1982 = V. HAAS, *Hethitische Berggötter und hurritische Steindämonen* (1982).
HAIDER 1999 = P. W. HAIDER, *Das Problem der Identifizierung des Sirkeli-Hügels mit einer literarisch bezeugten Ortschaft. Istanbuler Mitteilungen* 49 (1999) 133–140.
HAWKINS 1995 = J. D. HAWKINS, *The Hieroglyphic Inscription of the Sacred Pool Complex at Hattusa (SÜDBURG). Studien zu den Boğazköy-Texten.* Beiheft 3 (1995).
HAWKINS 1998 = J. D. HAWKINS, *Tarkasnawa King of Mira, Tarkondemos, Boğazköy Sealings and Karabel. Anatolian Studies* 48 (1998) 1–31.
HAWKINS 2000 = J. D. HAWKINS, *Corpus of the Hieroglyphic Luwian Inscriptions*. Volume I, Part 1–3: *Inscriptions of the Iron Age* (2000).
HELLENKEMPER 1976 = H. HELLENKEMPER, *Burgen der Kreuzritterzeit in der Grafschaft Edessa und im Königreich Kleinarmenien* (1976).
HOFBAUER / MASCH 1997 = CH. HOFBAUER / L. MASCH, *Istanbuler Mitteilungen* 47 (1997) 132–142.
VAN DEN HOUT 1995 = TH. VAN DEN HOUT, *Der Ulmitesub-Vertrag. Studien zu den Boğazköy-Texten* 38 (1995).
HROUDA 1997 = B. HROUDA, *damnatio memoriae? Neue Beobachtungen am Relief Nr. 2 bei Sirkeli/Türkei. Antike Welt* 4 (1997) 471–474.
KEEL 1992 = O. KEEL, *Das Recht der Bilder gesehen zu werden* (1992).
KOHLMEYER 1983 = K. KOHLMEYER, *Felsbilder der hethitischen Großreichszeit. Acta Praehistorica et Archaeologica* 15 (1983) 7–153.
KORFMANN 1999 = M. KORFMANN, *Troia Ausgrabungen 1998. Studia Troica* 9 (1999) 1–34.
KÜHNE 2001 = H. KÜHNE, *Gavur Kalesi, ein Ort der Ahnenverehrung?*, in: TH. RICHTER / D. PRECHEL / J. KLINGER (Hrsg.), *Kulturgeschichten. Altorientalische Studien für Volkert Haas zum 65. Geburtstag* (2001) 228–243.
LAROCHE 1966 = E. LAROCHE, *Les Noms des Hittites* (1966).
LEMAIRE 1993 = A. LEMAIRE, *Ougarit, Oura et la Cilicie vers la fin du XIIIe s. av. J.-C. Ugarit-Forschungen* 25 (1993) 227–236.
MARAZZI u. a. 1998 = M. MARAZZI / N. BOLLATTI-GUZZO / P. DARDANO (Hrsg.), *Il Geroglifico Anatolico, Istituto Universitario Orientale, Dipartamento di Studi Asiatici, Series Minor* 57 (1998).
MASSON 1980 = E. MASSON, *Les inscriptions louvites hiéroglyphiques de Köylütolu et Beyköy. Kadmos* 19 (1980) 106–122.
MELLAART 1962 = J. MELLAART, *The Late Bronze Age Monuments of Eflatun Pinar and Fasillar Near Beyşehir. Anatolian Studies* 12 (1962) 111–117.
MELLINK 1976 = M. J. MELLINK, *Archaeology in Asia Minor. American Journal of Archaeology* 80 (1976) 261–289.
MERIGGI 1975 = P. MERIGGI, *Manuale di eteo geroglifico*. Parte II, Testi 2a e 3a serie (1975).
MESSERSCHMITT 1900 = L. MESSERSCHMITT, *Corpus Inscriptionum Hettiticarum* (1900).
MÜLLER-KARPE, 2003 = A. MÜLLER-KARPE, *Die Stele von Altınyayla, Ein neues Relief der hethitischen Großreichszeit*, in: M. ÖZDOĞAN u. a. (Hrsg.) *From Villages to Towns, Studies Presented to Ufuk Esin* (2003).
NAUMANN 1971 = R. NAUMANN, *Architektur Kleinasiens von ihren Anfängen bis zum Ende der hethitischen Zeit* (²1971).
NEVE 1989 = P. NEVE, *Einige Bemerkungen zu der Kammer B in Yazılıkaya*, in: K. EMRE / B. HROUDA / M. MELLINK / N. ÖZGÜÇ (Hrsg.), *Anatolia and the Ancient Near East, Studies in Honor of Tahsin Özgüç* (1989) 345–355.
NEVE 1992 = P. NEVE, *Ḫattuša Stadt der Götter und Tempel, Neue Ausgrabungen in der Hauptstadt der Hethiter* (1992).
NEVE 1996 = P. NEVE, *Bemerkungen zu einem neu entdeckten Felsrelief in Sirkeli. Antike Welt* 1 (1996) 19–21.
NIEMEIER 2002 = W.-D. NIEMEIER, *Ḫattusa und Aḫḫijawa im Konflikt um Millawanda/Milet*, in: *Die Hethiter und ihr Reich*, Kat. Bonn/Berlin (2002) 294–299.
ORTHMANN 1964 = W. ORTHMANN, *Hethitische Götterbilder*, in: W. NAGEL (Hrsg.), *Vorderasiatische Archäologie, Studien und Aufsätze Anton Moortgat zum 65. Geburtstag gewidmet* (1965) 221–229.
ORTHMANN 1974–77 = W. ORTHMANN, *Ausgrabungen und Forschungen in Anatolien 1971–1976. Archiv für Orientforschung* 25 (1974–77) 427, 265–279.
ORTHMANN 1983 = W. ORTHMANN, *Zum Relief Nr. 81 in Yazılıkaya*, in: R. M. BOEHMER / H. HAUPTMANN (Hrsg.), *Beiträge zur Altertumskunde Kleinasiens, Festschrift für Kurt Bittel*. Band 1–2 (1983) 427–431.
VON DER OSTEN 1930 = H. H. VON DER OSTEN, *Explorations in Hittite. Asia Minor 1929. Oriental Institute Communications* 8 (1930).
VON DER OSTEN 1933 = H. H. VON DER OSTEN, *Discoveries in Anatolia 1930–31. Oriental Institute Communications* 14 (1933).
OTTEN 1988 = H. OTTEN, *Die Bronzetafel aus Boğazköy, Ein Staatsvertrag Tutḫalijas IV. Studien zu den Boğazköy-Texten*. Beiheft 1 (1988).
OTTEN 1989 = H. OTTEN, *Die 1986 in Boğazköy gefundene Bronzetafel, Zwei Vorträge. Innsbrucker Beiträge zur Sprachwissenschaft, Vorträge und Kleinere Schriften* 42 (1989).
ÖZGÜÇ 1988 = T. ÖZGÜÇ, *İnandıktepe, An important cult centre in the Old Hittite period* (1988).
PESCHLOW-BINDOKAT 2002 = A. PESCHLOW-BINDOKAT, *Die Hethiter im Latmos, Eine hethitisch-luwische Hieroglyphen-Inschrift am Suratkaya (Beşparmak/Westtürkei). Antike Welt* 2 (2002) 211–215.
PESCHLOW-BINDOKAT / HERBORDT 2001 = A. PESCHLOW-BINDOKAT / S. HERBORDT, *Eine hethitische Großprinzeninschrift aus dem Latmos, Vorläufiger Bericht. Archäologischer Anzeiger* (2001) 363–378.
POETTO 1988 = M. POETTO, *In margine alla seconda iscrizione luvio-geroglifico del monte Spylos. Vicino Oriente* 7 (1988) 171–176.
POETTO 1993 = M. POETTO, *L'iscrizione luvio-geroglifica di Yalburt, Nuove acquisizioni relative alla geografia dell'Anatolia sud-occidentale. Studia Mediterranea* 8 (1993).
POETTO 2000 = C. KARASU / M. POETTO / S. Ö. SAVAŞ, *New Fragments Pertaining to the Hieroglyphic Luwian Inscription of Yalburt. Archivum Anatolicum* 4 (2000) 101–112.
RAMSEY / HOGARTH 1893 = W. M. RAMSEY / D. G. HOGARTH, *Pre-Hellenic Monuments of Cappadocia. Recueil de traveaux relatifs à l'archéologie égyptienne et assyrienne* 14 (1893).
ROSSNER 1988 = E. P. ROSSNER, *Die hethitischen Felsreliefs in der Türkei* (²1988).
ŞAHİN / TEKOĞLU 2000 = S. ŞAHİN / R. TEKOĞLU, *A Hieroglyphic Stele from Afyon Archaeological Museum. Athenaeum* 91 (2003) 540–545.
SETON-WILLIAMS 1954 = M. V. SETON-WILLIAMS, *Cilician Survey. Anatolian Studies* 4 (1954) 121–174.
SPANOS 1983 = P. Z. SPANOS, *Einige Bemerkungen zum sogenannten Niobe-Monument bei Manisa (Magnesia ad Sipylum)*, in: R. M. BOEHMER / H. HAUPTMANN (Hrsg.), *Beiträge zur Altertumskunde Kleinasiens, Festschrift für Kurt Bittel*. Band 1–2 (1983) 477–483.
STARKE 1990 = F. STARKE, *Untersuchung zur Stammbildung des keilschrift-luwischen Nomens. Studien zu den Boğazköy-Texten* 31 (1990).
F. STARKE, *Zur «Regierung» des hethitischen Staates*, in: *Zeitschrift für Altorientalische und Biblische Rechtsgeschichte* 2 (1996) 140– 182.
STARKE 1997 = F. STARKE, *Troia im Kontext des historisch-politischen und sprachlichen Umfeldes Kleinasiens im 2. Jahrtausend*, in: *Studia Troica* 7 (1997) 447–487.
STARKE 1998 = F. STARKE, *Ḫattusa* II, *Staat und Großreich der Hethiter*, in: H. CANCIK / H. SCHNEIDER (Hrsg.), *Der Neue Pauly* 5 (1998) 186–198.
STARKE 1998 = F. STARKE, *Kleinasien C.: Hethitische Nachfolgestaaten*, in: H. CANCIK / H. SCHNEIDER (Hrsg.), *Der Neue Pauly* 6 (1999) 518–533.
STARKE 2000 = F. STARKE, *Mirā*, in: H. CANCIK / H. SCHNEIDER (Hrsg.), *Der Neue Pauly* 8 (2000) 250–255.
STARKE 2001a = F. STARKE, *Troia im Machtgefüge des 2. Jt. v. Chr. Die Geschichte des Landes Wilusa*, in: *Troia Traum und Wirklichkeit*, Begleitband zur gleichnamigen Ausstellung Stuttgart, Braunschweig, Bonn 2001/02 (2001) 34–45.
STARKE 2001b = F. STARKE, *Sēḫa*, in: H. CANCIK / H. SCHNEIDER (Hrsg.), *Der Neue Pauly* 11 (2001) 345–347.
STARKE 2002a = F. STARKE, *Karten: Das Hethitische Reich/Großreich und seine Nachbarn*, in: *Die Hethiter und ihr Reich*, Ausst. Kat. Bonn/Berlin 2002 (2002) 302–307.
STARKE 2002b = F. STARKE, *Chronologische Übersicht zur Geschichte des hethitischen Reiches*, in: *Die Hethiter und ihr Reich*, Ausst. Kat. Bonn/Berlin 2002 (2002) 310–315.
STARKE 2002c = F. STARKE, *Wilusa*, in: H. CANCIK / H. SCHNEIDER (Hrsg.), *Der Neue Pauly* 12/2 (2001) 513–515.
STEINHERR 1965 = F. STEINHERR, *Die hieroglyphen-hethitische Inschrift des Reliefs A am Karabel. Istanbuler Mitteilungen* 15 (1965) 17–23.
STEINHERR 1972 = F. STEINHERR, *Die Großkönigsinschrift von Nişantaş (Boğazkale). Istanbuler Mitteilungen* 22 (1972) 1–13.
STEINHERR 1975 = F. STEINHERR, *Zu den Felsinschriften Tahçı I und II. Istanbuler Mitteilungen* 25 (1975) 313–317.
TAŞYÜREK 1976 = O. A. TAŞYÜREK, *Türk Arkeoloji Dergisi* 23,1 (1976) 99 ff.
TEMIZER 1988 = R. TEMIZER, in: T. ÖZGÜÇ, *İnandıktepe, Introduction*, XXV.
TEXIER 1839 = CH. H. TEXIER, *Description de l'Asie Mineure* I (1839).
WEGNER 1981 = I. WEGNER, *Gestalt und Kult der Ištar-Sawuška in Kleinasien. Alter Orient und Altes Testament* 36 (1981).

Bildnachweis

Abb. 18: Verf. nach Bittel u. a., Yazılıkaya (1975) Abb. 81, 112; Kohlmeyer 1983, Fig. 20b.
Abb. 62: Verf. nach Photo Poetto, Yalburt (2000) Taf. 1 Abb. 1, 2.
Abb. 66: Teile Bl. 1, 16 nach Poetto, Yalburt (1993) Taf. I, II.
Abb. 88, 93, 101, 153, 166: B. Weishäupl.
Abb. 96: Verf. nach Die Hethiter, Katalog (2002) 223, Abb. 5.
Abb. 180–182 K. Stupp.
Abb. 188: P. Neve, Ḫattuša (1992) Abb. 41.
Alle übrigen Abb. vom Verfasser.

Adresse des Autors

PROF. DIPL. ING. HORST EHRINGHAUS
Patscherstraße 12a
A-6080 Innsbruck-Igls

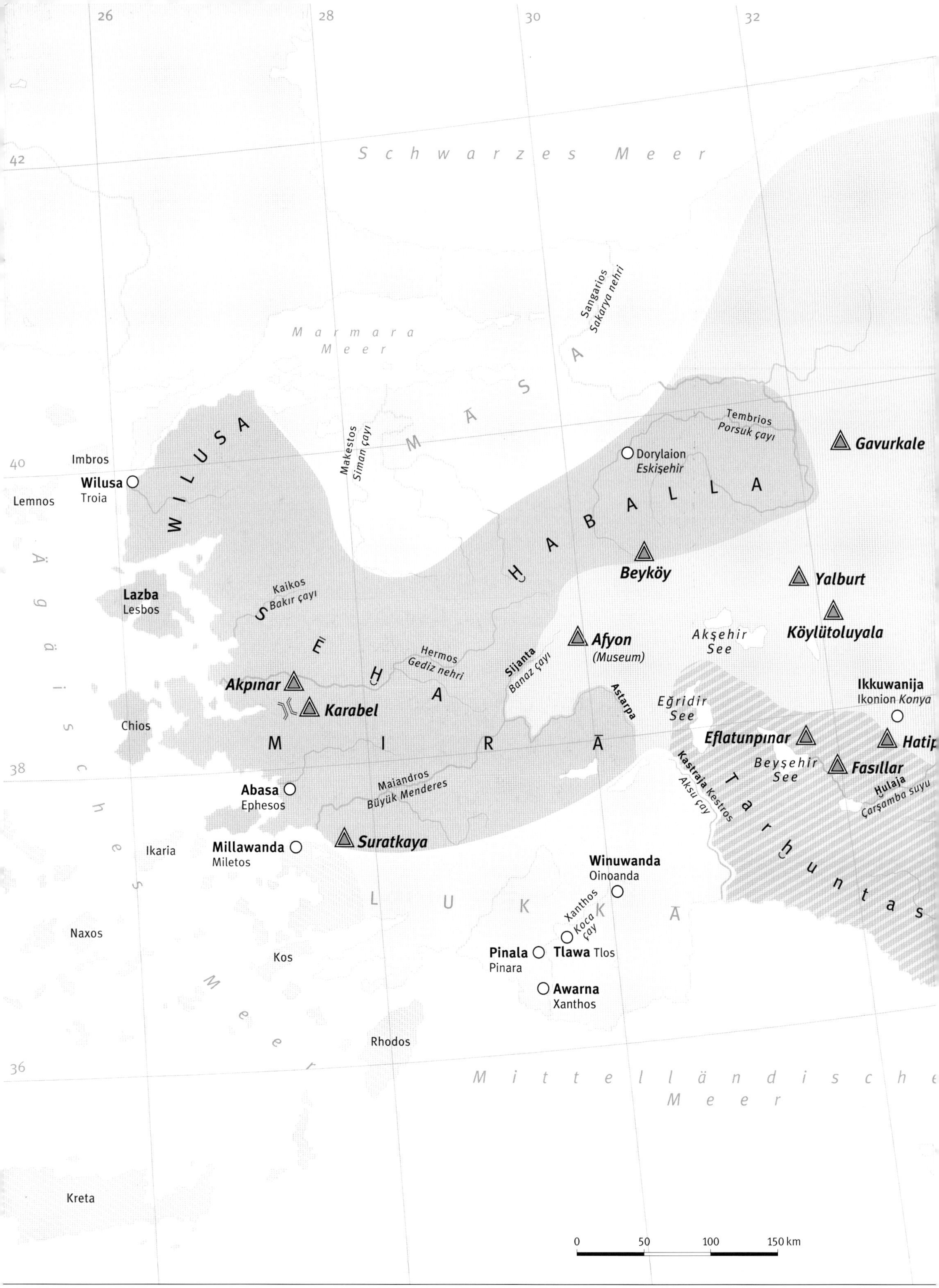

	Hethitisches Großreich (»Land Ḫattusa«) im 13. Jh.	■	hethitische Reichshauptstadt
	Arzawischer/Nordsyrischer Gliedstaatenverband im Großreich	○	hethiterzeitlicher Ort
	Sekundogenitur Tarḫuntassa (seit Mitte des 13. Jh.)	▲	Fels-/Stelen-/Orthostatenrelief(s)
	Territorium des Landes Aḫḫijawa (Mittelgriechenland)	)(	Paß
	Territorium des Ägyptischen Reiches		

Russland
Kaspisches Meer
Krasnodar
Noworossijsk
Grosny
Machatschkala
Kaukasus
Sochi
ABCHASIEN
Suchum
SÜD-OSSETIEN
Tiflis
Georgien
Kura
ADSCHARIEN
Batum
Aserbaidschan
Ardahan
Armenien
NAGORNO-KARABAKH
Kars
Erivan
Rize
Bafra
Trabzon
(Trapezunt)
Sarıkamış
Ünye
Samsun
ezirköprü
Ararat 5165
Aras/Araxes (Pison)
zu Aserbaidschan
Ağrı
Pontisches Gebirge
Erzurum
Amasya
Yeşilırmak
Hınıs
Tokat
Erzincan
Malazgirt
Täbris
Ahlat
Vansee
Van
Iran
Sivas
Muş
Urmiasee
Kızılırmak/Halys (Gihon)
Hakkari
Elazığ
Siirt
Taurus
Malatya
Kayseri
(Cäsarea)
Diyarbakır
Sachu
şehir
Atatürk-Stausee
Mossul
Arbil
Urfa
Sis
Ceyhan N. (Pyramos)
Gaziantep
Birecik
Nizip
Kirkuk
Tarsus
Adana
Tigris (Hiddeke)
İskenderun
ersin
Aleppo
(Haleb)
Assad-Stausee
Antakya
(Antiochia)
Deir es Sor
Tikrit
Euphrat
Syrien
Hama
Abu Kemal
Hadithah
Faludscha
Bagdad
Homs
Irak
Tripoli
Kerbela
evantisches Meer
Beirut
Rutba
Nadschaf
Libanon
Damaskus